飯塚 訓
Iizuka Satoshi

墜落捜査
警察官とその妻たちの事件史
秘境捜索

さくら舎

はじめに

東日本大震災での殉難・殉職警官は三十人！

平成二十三年三月十一日に起こった「東日本大震災」は、私たち＝日本と日本人のさまざまな側面を浮かび上がらせた。なかでも、被災した人々のとった行動は、およそすべての外国が讃えるものであった。

巨大地震と巨大津波、加えての原発事故という複合災害は、それこそ「想定外」の被害をもたらした。しかし、その情況のなかで、人々はほとんど皆、自らを律して家族や財産等々を喪失しながらも見事なまでの公共心を示したからだ。

それは誇るべき日本人の国民性といえるものだが、同時にその醸成に警察制度が深くかかわっているのではないかと私は考えている。

こう書いた時、あるいは唐突に思われたり、私の前職からの身びいき発言と受け取ったりする方がおられるかもしれない。が、そうではないのだ。

先の東日本大震災に関連して話せば、殉職――職務執行中に死亡が確認された警察官が二十五人、同じく行方不明となった警察官が五人だったことが明らかになっている。殉職した警察官のほとんどは津波からの避難誘導にあたっていた者で、なかには非番日にもかかわらず現場に駆けつけた者もいたという。また、次のような具体的な事例が報告されてもいる（『平成23年版 警察白書』）。

《高田幹部交番は、街頭パトロールの強化等により犯罪を激減させた功績で、平成23年2月、岩手県警察で初めて「優秀交番」に選出された交番である。

この実績を導いた交番所長は、同年3月末の定年退職を目前に控える中、勤務中に震災に遭遇し、殉職した。

津波が港の水門を越えたとの報告を部下から受けたこの所長は、住民らを避難させるよう指示した後、「ここからが俺の本当の仕事」と言い残し、無線で指揮をとるため交番に独り踏みとどまり、津波に飲み込まれた》

私の前職は、警察官であった。それも、五十九歳で退職するまでの三十六年間の永きにわたってである。

退職後、私はいわゆる天下り的な第二の職業には就かず、貧乏覚悟の作家人生を選んだ。物書きなら妻の側にいてやれるし、作家は子供の頃からの夢でもあったからだ。

私の妻は、七十二歳。このうち約半分の三十五年余は、不治の病といわれる関節リウマチに悩まされ続けているのである。

したがって本書の取材相手から、「奥さんのこと書いたらいいのに。貴方の奥さん、随分と苦労されたんですから――」と言われることもしばしばであった。

大久保事件、連合赤軍事件、日航機墜落事故等の大事件・事故に遭遇した警察官時代の私を支えながら三人の子供たちを育ててきたのである。妻の脳内には、警察官の妻生活三十一年余のさまざまな思い出が詰まっているのであろう。

「神様の思《おぼ》し召《め》し」の言葉のいきさつ

「今生きているのは神様の思し召しよ」と妻は言う。

妻が膠原病《こうげんびょう》に属する関節リウマチという病に罹《かか》ったのは、私と結婚して八年目、三十四歳の時であった。

その痛さ加減たるや、傍《はた》で見ていてもすさまじいものがあった。髪の毛に手を触れられたり、枕元を子供が通り過ぎただけで、「ヒイッ」と悲鳴を上げるほどの痛がりようである。

「風が吹いても痛かったんですよ。骨の髄まで痛いというか、どこが痛いのかわからないような痛みなんですよ」

顔が洗えないほどに固まって変形した両手足を交互にさすりながら妻は笑いながら言うが、痛みが極限に達するとどのような状態になるかを、私は身近で見てきたのである。

昭和五十二年の春。私は警部に昇任して群馬県の北東端、栃木県境の「沼田警察署」の外勤課長（現・地域課長）を発令されて、妻（当時三十五歳）・長男（八歳）・次男（七歳）・長女（五歳）を伴って着任した。沼田署のある沼田市は県下でも指折りの寒冷地である。リウマチを患う者にとって、寒冷多湿の地は最悪といわれたが、発令されたのは私であり、昇任しての栄転なのだから文句などいえるわけもない。

指定された住居は、課長公舎とは名ばかりのあばら屋で、冬季になるとガラス障子の外は、零下五度から十度はしょっちゅうという寒さであった。湯呑み茶わんに飲み残した茶は翌朝には凍りついている、仕切りのない土間にある台所と風呂場には雪の粉が舞い込んでくるのだ。

リウマチの病に苦しむ妻や幼い子らにとっては酷《ひど》い住居だ。妻の病状は最初の冬を迎えた頃から日増しに悪化していく。妻は、修繕もせずに人間を住まわせる担当の係に無性に腹を立てたことだろう。

意識不明の重体に

沼田署二年目の秋。妻は必死にリウマチによる激痛と闘ったがついに痛みは極限に達して、ある朝、突然に意識を失うに至り、救急車で市内の総合病院に搬送されたのであった。

入院して間もなく襲った激しい痙攣《けいれん》により、ほとんどの歯は抜け落ちた。そして、意識不明の重体は五日間続いたのである。

主治医のN医師が告げた病名は「膠原病」。難病指定となっている「全身性エリテマトーデス」だという。私は初めて耳にする病名に、暗然とした。暗幕で閉ざされた面会謝絶の暗い病室の中で、絶対安静の妻を私と姉たちは交替で妻の頸動脈《けいどうみゃく》だけを見つめた。いつ呼吸が止まるかわからないのだ。動脈が止まったら、すぐにナースコールを押す。看護婦がかけつけて、心肺の蘇生《そせい》術を施す。そして、また脈動が起こる。弱々しく打つ、鼓動《こどう》。呼吸停止の間隔が短くなってくる、そして五日目。その間隔が十分ほどまでになった時、私はN医師に呼ばれた。

彼は沈痛な表情で言った。「清子さんはまだ若い、幼い子供たちのために必死に闘っています。なんとしても助けたい、と病院の総力を挙げて治療をしています。しかし、あとは清子さんの生命力と神様の思し召しにすがるよりありません」と。

〝ついに引導を渡されたか〟、黙ってうなずく私に、医師が「一つだけやってみたい治療があるのですが……」と言う。

「ステロイドを大量投与してみたいんです。しかし、助かったとしても、どういう大きな副作用があるかわかりません。脳に重い障害が残る恐れもあります」と、私の目を見つめる。

「なんでもやってみてください。たとえ寝たきりになったとしても子供たちのために助かってほしいんです」私は即座に答えた。

ただちに、ステロイドの点滴による大量投与が始まった。

夕方、私は暗い気持ちでいったん、公舎に戻った。子供たちが気にかかった。小学校三年生になった長男には妻の病状を話し、ある覚悟をさせておいたほうがよいと思ったのである。子供たちの面倒をみてくれている母にも医師の言葉を伝えなくてはならない。

子供たちにはどう話したらいいのか……。話す言葉が見つからないまま公舎に着いた。日の落ちた夕暮れの庭先で、長男と次男が地面に割《わ》り箸《ばし》を一本立てて何やらつぶやいている。

「何してるの?」近づく私に長男が興奮した大きな声で言った。

「お父さん! お母さんは助かるって。コックリさんが、言ったよ」

「コックリさん」とは、当時子供たちの間ではやっていたマジナイの一種なのであった。「そうか、治るといいなー」それだけ言うのが精一杯であった。

私は母にN医師の言葉を伝えて、病院へ向かった。子供たちが不憫《ふびん》でならなかった。

〝どうか神様、妻の命を助けてください〟。私はゆっくりと自転車のペダルを踏みながら、祈った。傍目《はため》を気にすることもなく、涙がとめどなくあふれ、夕暮れの街がにじんで見えなくなるのだった。

が、暗い心で、暗室のような病室に入ると、奇蹟のような病状の変化が起こっていたのだ。妻に付き添っていてくれた姉が、豆電球だけがぼうっと灯る中で、「呼吸停止が一時間もないんだよ」と低く抑えた明るい声で言った。ステロイドの効果が覿面《てきめん》だというのだ。そして、呼吸停止の間隔は、一時間三十分、三時間と広がり、その夜「もう大丈夫ですよ」というN医師の言葉が、私に伝えられたのであった。

意識不明五日間、幻覚・幻聴症状十五日間など入院加療二ヵ月間を経て、妻は子供たちの待つ我が家へと帰ることができたのであった。

心配した後遺症もほとんど出なかった。妻の命は、医師、看護師の手厚い看護と多くの人たちの励ましや愛情に支えられて助けられたのだ。当時二歳の長女は、直属の部下である若い警察官の家で一週間も面倒をみてもらった。近くの公舎に住む独身のI巡査部長は、三人の子供たちを毎日のように風呂に入れてくれたり、寂しくないようにと遊ばしてくれたりもした。

「あたしは意識を失って入院してから、幻覚症状みたいなものが消えるまでの半月間ぐらいのことは何も記憶にないんですよ。あとでいろいろと聞かされて、本当に多くの人のお世話になって、それで命を助けられたんだなあーと思いましたよ、N先生から『神様の思し召し』と言われてから三十五年たちました。これからも病気と仲良くしながら大事に生きていかなければねー」と妻は笑顔で言う。

「妻たち」に感謝

私にはどんな睡眠薬よりも酒が効く。だから三十六年間の警察官生活が保てた、と今でも酒の効用を信じている。女房は私が何時に帰っても必ず晩酌の用意をしてくれた。私の健康法を理解してくれているのだろう。

私の警察官生活を振り返ると、大きな事件・事故によくかかわってきた、と思う。

「大久保清事件」「連合赤軍事件」「功明《よしあき》ちゃん誘拐《ゆうかい》事件」等、日本列島を震撼《しんかん》させた大事件の渦中《かちゅう》にあった。

そして、「日航機墜落事故」という世界航空機史上最大の事故にも身元確認班長として携わり、無事任務を果たすことができた。

家族の愛情と私の職務に対する理解に感謝しなければと思う。

なお、前記の事件中「功明ちゃん誘拐事件」については、群馬県外では知られることが少ないかとも思われるので少々説明しておこう。

昭和六十二年九月十四日。午後四時十五分から同五時頃までの間、高崎市筑縄町《つくなわまち》地内の地神社《ちじんじゃ》付近において、幼稚園児・荻原《おぎわら》功明ちゃん（当時五歳）が誘拐された。

犯人は、十四日午後八時二分に「二千万円よこせ！　よこさなければ、子供を殺す」と電話で要求した。

群馬県警と高崎署は略取誘拐事件とみて極秘裏に捜査を開始したが、同十六日午後零時三十分頃、高崎市鼻高町《はなだかまち》地内の碓氷《うすい》川支流の寺沢《てらさわ》川で、裸にされて遺棄された功明ちゃんの水死体を近隣住民が発見、通報した。

死体は検視の結果、首を絞められ窒息死したもの、と判明。

県警は「功明ちゃん誘拐殺人事件特別捜査本部」を設置し、連日二百～三百人態勢で捜査にあたったが、犯人逮捕に至らず、残念ながら平成十四年に時効となった。

なお、この功明ちゃん通拐事件は、事件当時に来日していたマイケル・ジャクソンが、事件を悼《いた》み、被害者宅に電話して慰めたり、直筆の手紙を書いて送るなど、深い関心を寄せたことも報道されて大きな反響を呼んだのであった。

警察官の妻たちのほとんどは、私の知る限り、夫の仕事の中身については、あまり関心がないようだ。事件や事故に馴れきっているからだろう。私の妻もそのようであった。深夜に帰宅しても、泊まり込みの捜査などで帰ってこなくても、仕事の内容について聞いたことはない。私も刑事たちも、仕事の内容についてはほとんど話したがらないからでもあるが――。

だが、管内で大事件などが起きると不眠不休の捜査が続くので、夫の健康管理には随分と気をつかっているようだ。

「高崎署の刑事官時代は大きな事件が続いてありましたから、家族で夕食の膳を囲むのは月に三回ぐらいでしたわねえ。まるで母子家庭のようでしたよ。だから夫の深夜帰りには慣らされてきましたけど、日航機事故だけは特別でしたわねえ。深夜から明け方に帰ってきて、二、三時間休んですぐに現場に出かけるような状態が一ヵ月以上も続いたんですからね。疲れが重なって、言葉も行動もちょっと普通ではなくなってきたので、いつ倒れるか、と心配でしたよ。あたしの名前だって忘れちゃったくらいですもの」

当時を思い起こして、妻は言った。

昭和六十年八月十七日の深夜。公舎への帰途、乗用車の助手席のシートに身体をもたせかけるが、どうも変だ。頭はふわふわとし、身体は落ち着かない。日航機墜落事故の発生から五日間ほとんど寝ていなかった。やっと言葉を発したと思ったら、呂律《ろれつ》が回らない。公舎に帰ると、いつものとおり酒肴が用意してあったが、この日は、どうも飲みたくない。疲れすぎると好きな酒も飲めなくなるのか。

〝あれー、おかしいぞ……〟

今度は妻の名前が出てこない。

「だめだ。寝るよ。みんなの名前を忘れちゃったよ」

妻に言って、布団に潜り込んだ。数時間、私は死んだように寝た。起きるとすぐに妻の名前を思い浮かべる。「キヨコ」と出てきた。よかった。ほっとして兄たちの名前を次々に頭の中で呼んでみた。

体育館で早速、親しい医師に状況を話したら、「極度の疲労、特に長時間の睡眠不足等で起こりうる、一過性の記銘力低下であり、問題はない」とのことであった。

妻の肉体を襲うリウマチの激痛は、刑事官時代も時折発作のように起きていたが、私が日航機事故の現場から何時に帰っても、妻は、酒と一品料理だけはいつも用意して待っていてくれた。

当時、長男は高校二年で野球部、次男は一年生でテニス部、中学二年の長女もテニスをやっていたので、炊事、洗濯だけでも大変であっただろう。

それでも妻は私が警察官時代には、一度の入院のほかは長期に寝込むこともなく、三人の子供を立派に育ててくれた。感謝している。

六十歳になってから、長年のリウマチの後遺症により、平成十三年に頸椎《けいつい》骨折、一昨年の二月に室内で転倒して大腿《だいたい》左頸部骨折、そして昨年三月に第一腰椎《ようつい》圧迫骨折等で、つごう五度も入院手術を受けたがいずれも気力のリハビリで克服した。


「今、思い起こせば、警察官の妻時代は楽しかったですよ、特に子供たちが小さい頃、集合住宅で皆さんに助けてもらいながら生活していた時代がよかったですねー。

でも、今は幸せ。五回も手術を受けてロボット人間のようになったけど、神様の思し召し（この言葉がよく出る）で命を助けていただいてね、生きていることに感謝です。あと十年は神様の思し召しで……。ホッホ」

長い闘病人生だが、妻に暗さがないのは、私にとっては何より救いだ。

この本を書くにあたって、私が取材した〝警察官の妻たち〟は、私の身近な人たちばかりである。

それだけに私が妻を語るのと同じく、いやそれ以上に警察官である夫のことを話していただけたと思う。

そうした取材を重ねていったなかで、三月十一日の東日本大震災では、被災地の現場で日夜奮闘されている警察官とその妻たちのご苦労はいかばかりであろうかと胸が詰まった。世界に冠たる日本の治安は、これら妻たちの支えによるところ大であると思うからである。

本書は、警察官とその妻たちの見た日本警察の事件史、文化史でもある。

平成二十五年二月

飯塚《いいづか》 訓《さとし》

目次

第一章 三つの大事件・事故

第二章　刑事魂

第三章　峠の事件・事故

第四章　秘境の「かんく」さん

墜落捜査　秘境捜索

――警察官とその妻たちの事件史

〈群馬県〉 概略地図

本書に関連する群馬県の地理のアウトライン——図中のそれぞれの記号は、●：主要都市・集落、▲：山岳（連山等は代表ピーク位置）、×：ダム、＝：峠、■：駐在所——を示す。

【参考】駐在所があった
かつての町村域
〈第３章〉〈第４章〉参照。

第一章

三つの大事件・事故

連合赤軍事件

取り調べ官の妻

「山岳ベース事件」と「あさま山荘事件」

極左暴力集団による七〇年闘争の前段において、超過激派である「赤軍派」と「京浜安保共闘」（日本共産党〈革命左派〉神奈川委員会）が昭和四十六年七月十五日、「日本の現状と両派の置かれている立場は、両派の残存勢力を結集して共に革命戦争を闘い抜くことである」として軍事部門の結合体である「連合赤軍」を結成。同時に「山岳ベース」を設けた。山岳ベースとは〝山岳に設置した革命基地〟の意味合いからの呼称だが、いわゆる「アジト」としてよい。

両派は相互に山岳ベースを訪問し、政治討論・軍事訓練・武器の確保などの活動を積んでいったが、「革命のためなら……、真の共産主義者・革命戦士となるために……」という問答無用の狂人的革命理念による建党・建軍闘争の過程において、いわゆる「総括」の名のもとに、群馬県内の榛名《はるな》山・迦《か》葉《しょう》山・妙義《みょうぎ》山の山岳ベースで、十二人の同志に対して次々に集団リンチを加えて殺害し、死体を全裸にして山中に埋めるという、日本犯罪史上にもその例を見ない冷酷陰惨な事件を起こしたのであった。

群馬県警は、昭和四十七年二月七日、県立榛名公園管理人から「榛名公園に不審車両が放置してある」との通報を受け「榛名山ベース」跡を発見したことを端緒として、極秘裡に捜査を開始した。そして、地道な足取り捜査の結果、二月十四日、県北部の沼田署管内の迦葉山（標高一三二二メートル）の山岳ベースを発見、森林法違反事件として本格捜査を始めるとともに、県下山岳地帯の検索および聞き込み捜査を徹底して行った。

県警が迦葉山ベースに踏み込んだ時はすでに逃走したあとで、もぬけの殻となっていたが、二日後の二月十六日、長野県に接する県西部の松井田《まついだ》署管内妙義湖付近において、松井田署員が不審車両（レンタカー）を停車させて職務質問、茨城県方面に逃亡しようとしていた被疑者S・M（女性）とO・S（男性）の二名を森林法違反により逮捕。

翌十七日には、妙義山中の籠沢洞窟《こもりさわどうくつ》（妙義山ベース）付近において、逃走中の最高幹部・森恒夫と永田洋子を殺人未遂罪等により現行犯逮捕。妙義山ベースおよびその周辺の検索ならびに捜索を実施した結果、多量の生活用品、黒色火薬、鉄パイプ、導火線、ねんど等爆弾製造のための材料、器具類、散弾実包などを発見、押収したのであった。

職務質問を逃れた残り九人は警察犬も登りえなかった裏妙義の急峻な岩場をよじ登って県境を越え、長野県軽井沢レイクニュータウンへと逃走、うち五人は逃走寸前にあさま山荘で管理人の妻を人質にして立てこもり、警察隊と銃撃戦を展開した末に全員逮捕となったが、警察官二人と民間人一人が彼らの凶弾によって命を失うという残念な結末となった、いわゆる「あさま山荘事件」へと展開していったのであった。

「連合赤軍事件」と呼ばれるものは、この「あさま山荘事件」と群馬県での「山岳ベース事件」の二つが合わさったもので、山岳ベース事件は「連合赤軍群馬事件」とも称される。同事件の逮捕者は、連合赤軍群馬事件で森・永田ら七人、長野あさま山荘事件等で十人。彼らのリンチ殺人による死亡者は、榛名山ベースで八人、迦葉山ベースで三人、妙義山ベースで一人の計十二人であった。

なお、あさま山荘は浅間山の北西山麓に建ち、当時は河合楽器健康保険組合の保養所で正式には「浅間山荘」だが、事件後に所有者が代わったことなどから、現存するものと区別して、一般に仮名書き表記されている。

そして群馬県警は、二月七日に榛名山ベース跡発見以来、五月八日の捜査終結まで、九十二日間を要して、十二人の殺人、死体遺棄事件について取り調べ、検索その他の裏づけ捜査を実施して、連合赤軍の組織実態、集団リンチ殺人事件等の全貌を明らかにしたのであった。

この連合赤軍の最高幹部・永田洋子（当時二十七歳）の主任取り調べ官として、完全黙秘の彼女を逮捕から五十四日にしてついに自供させた、群馬県警察第一課課長補佐・飯島秀二警部（当時四十歳）は、現在（訪問時――この形、以下同）八十歳。妻の和子さん（八十二歳）と高崎市郊外の閑静な住宅地で趣味の野菜や花の栽培を楽しみながら穏やかな日々を送っている。和子さんは時折優しい細い目で夫を見つめながら三十五年余の警察官の妻生活を控え目に話してくれた。

結婚は、自然の成り行き

「あたしが生まれ育ったのは、猿ヶ京温泉のある新治村《にいはるむら》（群馬県の北部、現在は水上町《みなかみまち》新治）でした。七人姉弟の下から二番目でしてね、結婚するまでは、村からほとんど出ませんでしたねー。

実家のすぐ裏手に『沼田警察署猿ヶ京巡査駐在所』があったんです。ですから、子供の頃から駐在所もおまわりさんも特別に関心があったわけでもないし、ごく自然な当たり前の風景の一つでしたねー。ただあたしたち土地の人間から見て、『駐在さんって、よく人が代わるんだなー』という印象は残っていましたね。

二人の姉たちが嫁いであたしが家事の手伝いをするようになった昭和二十九年の春に主人が赴任してきたんですよ。警察官になってまだ三年ほどで、独身だったんですね。だから、母が何かと世話を焼いていたんです。当時管内で『赤谷ダム』（相俣《あいまた》ダム）の建設工事が進んでいて、六百から七百人の作業員が現場で働いていたもんですから駐在所への出入りも多くってねー、そのつど駐在さんが、といってもこの人なんですけどね、ホッホ。『お茶お願いしまーす』って。お茶入れするのは、いつもあたしの役目でした」

「『──いつの間にか、あの二人はいい仲だんべー』なんて噂が立っちゃったんだ。女房の兄貴も消防団の分団長をやっていて、年中駐在所へ出入りしていたもんだからさ」と秀二さんが、笑顔で解説する。

「『駐在に嫁ごがいねえんじゃあ、しょうがなかんべー』なんて言う人もいましてねー。そんなわけで好きだとか嫌いだとかというわけもなく、翌年の六月に結婚しちゃったんです、ホッホ。ですからあたしたちは見合い結婚でもなければ、恋愛結婚でもない、自然の成り行き結婚なんです。主人が二十二歳で、あたしが二十四歳でした。

駐在の仕事、警察の仕事は、よく理解していましたけど、それだけに両親は警察官に嫁がせたくなかった、というのが本音でしたね。

実は、あたしもです、ホッホ。動き回る仕事（転勤）が嫌だったんですよ。結局、あたしも転勤では苦労しましたけどねー」

和子さんは、遠くを見るように目を細めて言った。

あの悲しみに比べたら……

「警察官の妻生活は三十五年でしたが、大変だったとか、苦労したとか、を強いて挙げれば、長男と次男が、小学校の時だけで、四回ずつ転勤・転居に伴って転校したということですねー。

でも、そんな苦労は過ぎてみればたいしたことではないんです。次男は生まれつき心臓が悪く、心室中隔欠損症という病気を持っていたんで、昭和四十五年の九月に群大（群馬大学）病院で手術をしたんですが、オペ室に入ったままで……」

和子さんは老眼鏡をはずし、ハンカチでそっと涙を拭った。

「あの時の悲しみに比べたら、ほかの少しぐらいのことはなんでも乗り越えられます。ですから、警察官の妻として、大変だ、なんてことはないんですよ」

涙で潤んだ目をしばたたかせ、南向きの仏壇を振り返る。そこには明るく屈託なく笑う次男の写真が位牌とともに祀られてあった。

連合赤軍・永田洋子の主任取り調べ官に

「結婚した翌月、主人は本署の警備係に異動しましたので、主人がどんな仕事をしているのか、退職するまで、ほとんど知りませんでした。でも、連合赤軍事件の時だけは別でしたねー。次男を亡くした二年後でしたねー、昭和四十七年の三月、主人が本部の警備一課に異動になったんです。新聞、ラジオ、テレビ等マスコミ報道すべてが、連合赤軍事件一色の時でした」

「三月二十四日付で、本部警備一課の課長補佐に異動しましてね、部長に呼ばれて部長室に入ったら『連合赤軍事件は公安事件であり被疑者は皆確信犯であり、完黙を通している。君は今日から最高幹部・永田洋子の主任取り調べ官だ。頼むぞ』と命じられたんだよね、ぶるっ、と武者震いがしましたねー、日本中が注目している日本の犯罪史上例をみない陰惨な組織犯罪事件の最高幹部の取り調べにあたるんですからね」

　秀二さんの顔が紅潮してきた。

「最高幹部の永田洋子と森恒夫を妙義山中で逮捕したのが、二月十七日だったんですが、以後雑談には応じるが、事件となると完全黙秘でしてね。私が初めて永田と会ったのは三月三十一日でした。私が取り調べ官になってからも、彼女は完黙、完黙でねー、真夜中に家に帰っても、新聞記者たちが張り込んでましてねー、弱りました」

　秀二さんは目を細め、天井の一点を見つめながら当時を振り返る。

「主人が取り調べ官になってからは、毎日朝早くから深夜まで、記者さんたちが公舎の周りに張り付いていましてね、主人は日本中が注目している大事件の犯人の取り調べをしているんだ、えらいことなんだ、大変な仕事をしているんだなーと、実感しましたねー、記者さんたちの応対は当時高校生だった長男にさせました。

　あたしも何時に帰ってくるかわからない主人を、寝ずに待っていました。疲れがたまって主人の顔色もだんだんと悪くなってくるし、心配しましたねー、顔色を見れば取り調べが進んでいないな、ということはあたしにだってわかりますからねー。

　それが、四月に入ってから十日目ぐらいの夜、主人が小躍りするように帰ってきたんですよ。顔中をほころばせて、『やっと口を開いたよ。見通しが明るくなってきた』って……。あたしも『そう、よかった』って、思わずね。嬉しかったですねー、えー。あの時は主人を誇りに思ったし、尊敬もしましたよ、ホホ……」

　和子さんは小さく笑った。

《自己批判書》を書かせた方策

「四月に入ってから、彼女の情緒不安定は日に日に増していきましてね。『お母さんと妹に会わせてー』とか、『お母さん、助けて……ヤダヨ、ヤダヨ』と叫んだり、母親の名前を連呼したり、とか。『ううう、苦しい、ここから出してください、あー、チョウになってこの窓から飛び出したい』とか言ったと思うと、『調書に応じるつもりはありません。同志の冥福は私なりに祈っています』と毅然として言い放ったりしてね。

　捜査本部に具申したんです。『彼女の精神はすっかりまいってしまっているので、留置場を変えたらどうか』って。高崎署では留置人が常時三十人以上もおり、『連合赤軍の永田洋子だ』ということで、揺らいできた気持ちが、留置場に戻ると、また、女王気取りになってしまうんです。そして、彼女以外に留置人のいない松井田署に身柄を移したんです。

　この留置場は前年の『大久保清事件』（八人の若い女性の連続強姦殺人事件。詳細は次節に後述）の被疑者が自供した縁起のよい留置場ですからね。朝と夕方に近くの寺で鐘を撞《つ》く音だけが響いてくるというそんな留置場なんです。彼女の心の動揺はますます高まってきましてね、毎朝、『飯島さん、来てください』って呼ばれるようになったんです。でも〝よし、しゃべるぞ！〟と期待してとんで行くと黙ってしまう、数日間はそんな繰り返しでした。

しかし、とうとう、その日はやってきたんですねー。四月十一日、突然、目の前に藁半紙《わらばんし》が差し出されたんです。『飯島さん、早く見てください』と。その冒頭には《自己批判書》とあるんですよ。急いで文面に目を走らせると『私は痛烈な自己批判の気持ちを込めて同志十四人の死を明らかにしたいと思います……』などとねー。連合赤軍群馬事件の前に同志二人をリンチして殺害し、千葉県の印《いん》旛《ば》沼付近の山林に死体を埋めていたんですよ（「印旛沼事件」）。身体中がかっか、としましたよ。体内の血がすべて逆流するような……脳に何かが込み上げてくるのをぐっと抑えてねー、冷静になれ、冷静になれ、とねー。逮捕から五十四日目でしたよ。私が小躍りして帰ったのはこの夜だったんです」

秀二さんは饒舌になり、取り調べ官の顔になった。

「これまで十四人の殺害については認めたものの調書に応じなかったのは『自分なりに結論を出したかったから。今は仲間の冥福を祈り、捕らわれている仲間たちにも謝りたい』と涙ながらに供述したんです。親しい友人に、鉛筆でびっしりと弱くなった心境を切々と訴えているんですねー」

ハガキの内容はこうだ。

《しっかりしているといわれましたが、事実を明らかにする今、やはり何ともいえない気持ちになり、もう嫌になります。事実を明らかにすると、あまりに冷酷であり人間性の一かけらもないことがよくわかり、どうしようもないのです。どうしたら良いかわからなくなり、この事実から逃げ出したくなります。

誰かに助けを求めたくなります。助けてと叫びたい。

お話ししたように、どうしてあんなことをしてしまったのか考えること以外ないのですが、何かこれも放棄したくなります。しかし考える以外にないのです。今考えると自分たちの闘いをなぜこうまで大切にしてしまったのか、なぜ、自分たちの闘いを本当にふり返らなかったのか、わかりません。プチブル党ではないことをはっきりわかっていたら、言葉では知っているが、やはり「党」と頭に入っていったのです。

私は十四名の死の事実は明らかにするつもりですが、その他のことについては、やはり明らかにはしないつもりです》と。

永田はついに十四人の同志をリンチして殺害した全犯行を自供、五月十日、警視庁に収監された。「一緒に東京へ行きませんか」とは、彼女が飯島取り調べ官に最後に言った冗談であった。

手作りのカーテンが――

「六月初めのある日、永田洋子の妹さんから自宅に自筆の手紙とレースのカーテンが送られてきたんです。『姉が大変お世話になりました』って……。『カーテンを編んだのでお部屋のどこかで使っていただけませんか』と。〝主人は偉いなー〟と思いました。主人の情が彼女の心を動かしたんだなーってね。あたしはすぐにいくらかの謝礼金を添えて、お礼の手紙を送りましたけど……。どんな犯罪者でも、家族の情には弱いんですよねー」

「松井田署に移ってから、彼女の母親と妹が三回面会に来ましたかね。私もそのつど会って彼女の子供時代のことやその後の生き方についていろいろと聞いたんです。彼女は母親と妹に会いたい、とよく言ってましたからね、結局は家族の情が、彼女に自己批判書を書かせるまでになったんでしょうね。私がよく話を聞いてやったこともよかったんでしょうけどね。何が彼女を間違った方向に走らせたのか、背景についてはいまだ語っていませんけど、私にとっても骨の髄まで染み通った事件でした」

「何か、哀しいですよねー」和子さんがポツリと言う。

留置場での面会は、本来の未決拘禁者（被疑者・刑事被告人）を収容する拘置所に準じており、被疑者が弁護士以外の家族等と会えるのは平日の受け付け時間内の一日一回、最大三人まで約十分間程度（時間制限）などの規定があるが、当該警察や事件の状況等々からかなりに幅がある。なお、逮捕中の面会は弁護士を除いて認められず、家族などとの面会は勾留決定が出されてから（逮捕後の最大七十二時間、通常はより早く勾留決定が出る）となる。

というのも、留置場は各都道府県警察内に全国でおよそ千三百ヵ所あるのに対し、拘置所は全国に八ヵ所、拘置支所も百十一ヵ所しかなく、また留置場が警察署の管理下にあるのに対し、拘置所は法務省の管理下にあることによっている。したがって、被疑者勾留を拘置所で行うのは現実的に無理があり、実務的には検察官が自ら捜査する事件については拘置所に収容するが、警察が行う大部分の事件については、留置場を勾留の場所と指定し、起訴後は拘置所に被告人を移送するのが現状である。

ついでながら、留置場は被疑者の拘禁施設であり、勾留は被疑者の逃走・証拠隠滅の防止を目的としていて、よく「泥酔者が留置場に入れられる」と勘違いしている人がいるが、泥酔者が入るのは「保護室」（いわゆる「トラ箱」）であって、泥酔者が留置場に入れられてしまったら不当な身柄の拘束にあたることになる。

警察官の妻人生に悔いはなし

「転校が多くって子供たちには辛くて寂しい思いもさせましたけど、連合赤軍事件の時、小学校三年生だった三男も警察官になりましたからねー、父親の後ろ姿を見て決めた職業ですからね。よかったと思います、あたしも、警察官と結婚したからいろんな地域に住んで、いろんなよい出会いがありましたからね、次男を亡くして二年目にあの事件がありましたからね、主人も悲しみを引きずってはいられなかったでしょうし……。

私はその後も多くの人と出会ってよい絆《きずな》ができてましたからね。心が癒されて悲しみもだんだんに治まっていったんですね。ええ、今でも主人を偉いと思っていますよ、今が一番穏やかで、幸せ。ホッホ……」

二人は顔を見合わせて、声を出して笑った。

大久保清事件

〝刑事一筋〟刑事の妻

新婚早々に、事件が

「私たちが結婚したのは、昭和三十三年のお正月早々でした。私が二十三歳で夫が二十七歳でした。静岡の伊東温泉に二泊三日の新婚旅行に行き、夕方、前橋市の二軒長屋の借家に帰ってきたら大変な騒ぎが起きていたんです」

「連続放火事件ですよ。消防署に『今夜火をつけるから』と電話をする予告放火なんです。愉快犯というんですかねえ、警察を舐《な》めてるんですよ、犯人は――」

高崎市郊外の閑静な住宅。日当たりのいい居間で妻・晴子さん（七十七歳）の話を穏やかな表情で聞いていた夫の落合貞夫さん（八十一歳）が、話を横取りした。剣道で鍛えたがっしりした長身の貞夫さんは背筋がピンと伸びて、若々しい。事件の話が始まると途端に底光りのする刑事の目になる。長年、犯人を追い続けてきた職業的な、目だ。

――その晩早速、捜査に？

「ええ、すぐに。前橋署の刑事でしたからね。その晩主人は徹宵《てっしょう》勤務でしたから、私は二軒長屋での最初の晩から一人寝でした。心細くてねえ、藤岡市の実家に帰ろうと思ったんです。私は商家の一人娘ですからねー、警察のことなんか何も知らないでしょう。主人が刑事ということも結婚して初めて知ったんですからねー」

――実家に帰ったんですか？

「いえ、帰れませんでした。市内数ヵ所に火をつけて回る犯人ですからね。市民は恐々として、自警団を結成して、夜回りをしていたんです。一軒一人ずつ出てね。『お宅はご主人が刑事さんだから出なくていいですよ』と言われたんです。そんな時、実家に帰るわけにはいかないですよねー。結局、自警団の夜回りは、三月中旬に犯人が捕まるまで続いたんです。だから、新婚早々から、ほとんど一人暮らし……」

――退職されるまで刑事の妻ですか？

「機動隊勤務一年だけ除いてね」と傍らの夫を見やる。

「県の拳銃射撃の選手要員だったんだけど、捜査が忙しくて練習にちっとも行かないもんだから、期限付きで機動隊に異動させられちゃったんですよ」と貞夫さん。

「ですから、結婚して退職するまでの三十年のうち、二十九年は刑事でしたねえ。このうち県警本部捜査一課が二十四年でした」

「盗犯と強行犯をやりましたが、ほとんどは強行犯係でしたねえ。女房は大変だったと思います」

「仕事ですからね。私は、そんなに大変だとは思っていませんでしたよ。でも、グンテレ（群馬テレビ）のニュースだけは注意して見ていました。特に、六時のねー」

――どうして？

「県下で事件が発生すれば、今日何時何分頃○○で××事件が発生、県警捜査一課と△△署は……という具合に報道するでしょう。事件内容と捜査状況を私が勝手に判断して、ああ、今夜は帰らないな、『お父さん遅くなるから晩ご飯先に食べよう』って、子供たちと食べちゃったりしてね。母子家庭のようでしたねー。

当時は、携帯電話なんか持ってなかったでしょう、いちいち『仕事で遅くなる』とか、連絡する刑事なんかいませんでしたからねー。三、四日帰らないのはざらでしてね、一週間も出っぱなし、ということだってありましたから……。そんな時は誰かが主人の下着を取りに来てくれましたので、わかりましたですけどね。ですから、いつ事件が起きてもいいようにと、下着だけはいつも買いだめしておきましたよ。

私が刑事の妻として努力したといえば、そんなことくらいですかねえ。グンテレの六時のニュースは今でも見てますよ、癖になっちゃったんですねー。ハッハ……」

晴子さんは、声を立てて、笑った。

——子育て、大変だったでしょう？

「いえ、隣近所だとかの皆さんが面倒をみてくれましたからね。そう大変とは思いませんでしたよ。当時はご近所の絆が強かったですからね。ただ、子供たちは寂しかったかもね。父親に、海水浴とか、動物園とかに連れて行ってもらったというような思い出はほとんどないでしょうから……。ですから、息子と娘はよく自分の子供たちを遊びに連れて行ってましたねー。

長男は高校生の時、主人が『警察官になれ』と言ったら『嫌だ』と言って、大学の理工学部に入って、電器関係企業の道に進んだんです。でもね。『お父さんは、偉い』って、いつも尊敬してましたよ。

そういう意味では、子育ての苦労はあまりしてないと思いますけど、住まいでは苦労しましたねー。

当時は、待機宿舎なんてなかったですからね。住む家がなかなか見つからないんですよ。結婚して、最初の二軒長屋から、六回引っ越ししましたけど、いつも、家で苦労しました。結婚の翌年、富岡署に異動したんですが、家が見つからなくて、材木会社の裏庭に造ってあった建築見本の六畳間に住まわせてもらったんです。トイレも押入れもないんです。材木が積まれてある間に仮設されてあるトイレを使わせてもらったんです。だから、昼間は大工さんや会社の従業員と共同使用。夜は、電灯もなく真っ暗闇の中で……。怖かったですよ。そして、その六畳間で長男が産まれたんです。ああ、やっぱり子育て、大変だった！　ハハ……」

「翌年、異動した先輩刑事のあとに引っ越したんですけど、その家も傾いていてねー。床はギシギシ鳴って、風呂場の柱は腐りかけていて、シロアリの巣がね、ひどいもんでしたよ」

今ではどんなことでも当時が懐かしい、と貞夫さんは、笑顔で言う。

「子供が風邪などの病気に罹っても、私がおんぶして、自転車でお医者さんに連れて行きました。子供が二人になった時には、隣の奥さんらが一人預かって面倒みてくれましたしね。学校の父兄参観とか三者面接など、主人は一度も行ったことなかったです。いつも、事件、事件、事件。家事と子育ては女の仕事、みたいにね。でも、苦労したという記憶は残ってないんですねえ」

——長年刑事の妻をやって、特に印象に残っている事件は？

「う〜ん、そうねえ、私が捜査したわけではないので……」と数秒間目を閉じてから、「大久保事件。

それに、連合赤軍事件かしらね。日本中が注目していた事件でしたし、私の家にも、連日連夜大勢の記者さんらが押し掛けて来ましたからねえ」と口を開いた。

「大久保事件の取り調べ官だったたし、連合赤軍事件では、リーダー・森恒夫の取り調べをやりましたから……」と貞夫さん。目の奥が、一瞬、光った。

大久保事件を終結させた〝留置場移管戦術〟

昭和四十六年春。誘拐された若い女性八人が、短期間のうちに次々に殺害されて土中に埋められるという猟奇的かつ残忍無比な事件が、群馬県で起きた。県警は稀代の殺人魔・大久保清（当時三十六歳）を、猥褻《わいせつ》目的誘拐罪で逮捕したが、彼は死体の遺棄場所については、虚言と黙秘を繰り返して、捜査陣を翻弄した。

「死体を捜せ！」「奴の足（立ち回り先）を追え！」県警は警察の威信と面目にかけ、大久保一人に対し、三千人組織の総力を挙げて、その全容解明にあたった。

三ヵ月余にわたって展開された捜査の範囲、捜査に要した捜査員、車両等すべてが県警始まって以来の大規模なものとなった。酷暑の中での死体、遺留品の捜索、被疑者の供述と多数の民間情報をもとにした県内外五千ヵ所に及ぶ発掘作業など異例ずくめの百日捜査であった。

取り調べ班は、県警本部捜査第一課強行班係の班長・黒沢警部以下四名だった。殺人事件容疑者一人の取り調べ態勢としては、異例の強力布陣であった。このうちの一人が、当時警察官歴二十年のうち十八年間は刑事畑という、県警の精鋭・落合貞夫巡査部長（当時三十八歳）であった。

大久保が殺人事件を犯しているのは間違いない。いわゆる死体なき殺人事件であった。

「俺は人間を捨てた爬虫類だから、人情なんて通じないよ。俺の殺人は、肉親、社会、警察に対する挑戦だよ。だから宝（死体）のあり場所は絶対に言わないよ」

とうそぶき、厳しく追及されると突然大声を上げて泣き、喚き、吠《ほ》えるように怒り狂ったあとで、涙を流して虚言を繰り返す大久保の狂った演技（？）に、取り調べ官・捜査本部は振り回された。

足取り捜査の結果、彼の行動範囲は県下のほぼ全域にわたっていることが判明。百二十七名の女性が白色のマツダ・ファミリアロータリークーペを運転する大久保に、「私は画家ですが、モデルになってもらえませんか――」などと、言葉巧みに誘われていることがわかった。

被疑者の自供がなければ、死体は出ない。

四人の取り調べ官は、裏づけ班との連携によって厳しく追及する一方で、大久保自作の詩や、彼が好きだというリルケの「黄色いバラ」の詩を暗記して詠んで聞かせて、心を揺さぶり、代休日に利根川で釣った鮎の塩焼きや、もぎたてのキュウリに味噌を付けて食べさせるなどの情の捜査、という硬軟両様の取り調べによって、ついに彼の口から、五月二十七日、妙義山麓の死体埋没場所を自供させるに至ったのであった。

が彼は、六月に二件を自供したあとも、「『春に捕まって、夏に調べと闘い、秋に自供して、冬に死す』だよ、班長さん」と薄ら笑いを浮かべ、またも嘘の供述を繰り返しては、県警の捜査陣と二百五十人を超えるマスコミ陣を振り回したのであった。

　そんな彼を完全自供に追い込んだのは、大久保の心の寂しさを見抜いた留置場移管戦術であった。七月十八日、大勢の留置人たちから「大久保さん、ご苦労さんです、がんばってください」などとお世辞を言われるなど大物扱いをされる大規模警察署の「前橋署」から、留置人の一人もいない、県下西部の長野県軽井沢町に接する「松井田署」に移管したのである。

　松井田署の夜は、深閑としている。大久保一人だけの房の中は、深々と更けていく。看守係も皆刑事である。大久保の動作、言動、寝言までが、一つも洩らさず記録されて取り調べ班に報告された。

「大久保おー、今夜は誰が夢枕に立つかなぁー」看守の刑事が就寝前の彼にささやく。

「静かすぎて眠れなかったよ。近くのお寺の鐘の音が、耳にビンビン響いて、たまんねえぜ。うとうとすると、カラスの鳴き声に起こされるんだ。鐘を撞くのをやめるように言ってくんねえか、カラスにもな」

　大久保は朝になると看守に弱音を吐くようになった。取り調べ班の落合らが予期していた以上の移管効果であった。

「殺した女がまた夢枕に立って、『あたしが先よ』『あたしを先に出して』と言い合ってるんだ。もうすぐお盆がくるよなー」とか、弱々しく訴えるようになった。そして、移管からわずか十二日で、五件の殺害を次々に自供、ついに、事件の全容が解明されたのである。

「稀代の殺人鬼と言われた大久保にも、まだ人間の血が流れていたことがせめてもの救いだったですねー」落合さんは瞑目して言った。

連合赤軍群馬事件

昭和四十七年。極左暴力集団の連合赤軍が、革命闘争の過程において、群馬県内の榛名山・迦葉山・妙義山の山岳ベースで、「総括」の名において同志十二名に対して次々と集団リンチを加えて殺害し、死体を全裸にして山中に埋めるという、冷酷にして陰惨な事件（詳細は前節参照）。

貞夫さんは、大久保事件とともに戦後日本の犯罪史のなかで常にワースト10の上位を占めるというこの二つの事件で、被疑者・大久保清と連合赤軍のリーダー・森恒夫の取り調べ官として捜査にあったのであった。

――マスコミの取材、大変だったでしょう?

「主人が官舎に帰ってくるのが、深夜の一時か二時ですからね。夜になると記者さんらが集まってくるんです。なかには、庭先にまで車を入れて待機している人までいてねえ。ご近所に迷惑をかけるのでね、夕食を済ませて早くに電気を消しちゃうこともあったですね」

「大久保事件の時、取り調べ班は班長以下四人だったんですが、家に帰っても報道陣に付きまとわれて大変なので、ある時期から警察の厚生施設に泊まることになったんです。ある日、着替えの衣類を取りに官舎へ帰ったら、珍しく女房に愚痴をこぼされましてね。『報道の車が、庭先にまで乗り込んでくる。一晩中エンジンをかけっぱなしなので、眠れなかった。記者さん方も仕事だから、それは我慢するけど』と言って、涙ぐむんです。『今夜、旦那は帰らないの』と聞かれたので『わかりません』と言ったら、『田舎刑事の女房が何言ってるんだ』と捨てぜりふを吐くように言われた。泣きたいほど悲しいし、口惜しい、と言うんです。

大久保事件は、死体なき殺人事件で、大久保一人に県警全体が振り回されて、県内の山林や畑など五千ヵ所も穴掘りをさせられましたからね、記者たちもいらついていたんですよ。でもね、捜査や取り調べについては何を言われても我慢するけど、家族に対しての嫌がらせや暴言には腹が立ちましたねえ」

と言う夫を見やりながら、

「あら、そんなこと言ったっけ」と、晴子さんは笑う。

名刑事の勲章

――刑事の妻として、悔いはない？

「悔いはないですけど、まったく不満がなかった、ということでもないですよ、ハハ……。この人、生涯刑事一筋ですからねえ、昇任試験の勉強しないいんですよ。あとから入ってくる後輩刑事が、昇任して次々に出ていくんですねぇー。そりゃあ、張り合いがないですよねえ。
試験が始まると、家に帰ってから、ぱらぱらっと本をめくってることもあるんです。だから、また昇任試験始まったな、とわかるんです。ある時、『若い刑事が偉くなってどんどん出て行って、口惜しくないの？』って言っちゃったんです。ハハッ。そしたら、むっとした顔で『俺は刑事になるために警察官になったんだ。偉くなりたければおめえが勉強しろ！』って、訳《わけ》のわからないこと言ってね。私も『資格があれば受けますよ』って、つい、言い返してしまったんです。ハハッ。
でも、その時だけです。不満を口に出したのは……。主人は、立派な警察官だと思っていましたからね」

——警察官として最高の長官授与の表彰を受けられたんでしょう？

「ええ、主人が定年退職する前年の昭和六十二年の春に、『功労章』というのを長官から授与されたんです。私も同伴して、記念品をいただいたんですよ。内助の功というんですか、ハハ……。そして、受賞後特別参観ということで皇居内を案内していただき、天皇陛下からお言葉を賜りましたんです。感激して、涙が出ました。主人は、在職中私や子供たちをどこにも連れてってくれませんでしたけど、この日は、最高のプレゼントをしてもらったと感謝しております」

功労章は、毎年三月に行われる「全国優秀警察職員表彰」で、全国都道府県警察から厳選された警察職員に対して警察庁長官から授与される。『警察表彰規則』の第二条に、「警察功労章は、警察職員として抜群の功労があり一般の模範となると認められる者に対して授与する」とある。

——名刑事としての何よりの勲章ではないですか。ご主人に惚れ直したでしょう？

「まあね、ハハハ」晴子さんは照れ笑いをしながら、二枚の写真をテーブルの上に並べて、「大切な写真です」と言った。

一枚は、左胸に銀の功労章を付けた制服正装の貞夫さんと、晴れやかな着物姿の晴子さんが並んで撮られている記念の写真。もう一枚は、満面に笑みをたたえた落合夫妻を囲んでの家族の集合写真であった。

「今年、金婚式だったんですよ。息子夫婦と娘夫婦、それに孫四人です。息子たちがお祝いにと水上《みなかみ》温泉に連れてってくれたんですよ。おかげさまで、とっても幸せです」

二人は顔を見合わせて、穏やかに笑った。

日航機墜落事故

日航機事故への出動

事故発生を知ったその時

とにかく暑い、夏の夜だった。

当時高崎警察署刑事官だった私（筆者）は、三階にある捜査一課（現・刑事課）で、捜査一課長の関口警部、前橋地方検察庁高崎支部の竹田検事と三人で、次の着手事件の検討をしていた。

「暑くてたまんねえよ。五時十五分ピッタリにクーラー止めるんだもんなあ。こっちはまだ仕事してるってんによおー」

調べを中断して大男の独身刑事Yが、汗を拭き拭き大声を上げて入ってきた。部屋にいるのが我々だけであると気づくと、ばつが悪そうにペコンと頭を下げ、机の上の扇子を手に持ち、急ぎ足で調べ室へ戻っていった。

入れ代わりに宿直勤務中のS刑事主任が似合わない制服姿で「大変ですよ」と緊張した顔つきで報告に来た。

「日航機123便のジャンボ旅客機が、群馬と長野の県境付近の山中に墜落したようです。乗客・乗員五百二十四人だそうです」と付け加えた。

関口警部が、応接セット脇のテレビのスイッチを探す。どのテレビ局も「日航機123便がレーダーから消失、事故発生の模様。目下のところ詳細について調査の段階、墜落地点は群馬県か長野県の山中……」というテロップを流していた。

「刑事官、群馬県だったらえらいこっちゃで。わしがあんたらと組むと事件ばかり起きよるやけど飛行機じゃあ、たまらんで。とにかくわし、家へ帰ってテレビでも見てるわ」

竹田検事は事件の検討を打ち切って急ぎ足で刑事部屋を出ていった。

この時、刑事部屋の古びた柱時計の針は、午後七時三十二分を指していた。

いずれにしてもなんらかの本部長命令が発せられるのは間違いない、と判断した私は、署長の田村警視正に電話で「今晩中に出動あるものとみて、高崎署員は全員自宅待機させておきます」と報告。その旨を当直指令に指示して、いったん刑事官公舎へ帰った。

出勤時にキャラバンシューズを用意し、数日間の下着類を妻がナップザックに詰めた。

午後十一時。県警本部捜査第一課長・平田金時警視から、河村一男本部長名で「高崎署は飯塚刑事

官を指揮者として、高崎署捜査一課、同二課、防犯少年課（現・生活安全課）の当番員（宿直勤務）・非番員（宿直明け）を除く全課員を統括して、午前四時までに上野村役場に集合せよ」

との指揮が下りたのであった。

「日航機墜落事故現地対策本部」は、午前一時、役場二階の大会議室に設置されていた。

上野村役場の内外は、前夜から役場に詰め、諸対策にあたっている県警本部員と、続々と集結する各所属部隊でごった返していた。

墜落地点は群馬・長野・埼玉県境の三国山付近の山岳と推察される程度で、二転三転していたが、八月十三日午前七時四十五分、墜落地点は、群馬県側の高天原山系無名尾根であることが確認された（その後に「御巣鷹山《おすたかやま》」と称される）。

墜落したジャンボ旅客機は、尾根の中腹に激突、機体は真っ二つに折れて、乗客・乗員は約四万平方メートルの範囲に放り出された。また、折れた尾翼は、長さ約二二〇メートル、幅約一〇〇メートル、斜度三十五～四十度の急な北斜面を唐松林をなぎ倒しながら滑走し、下方のスゲノ沢の現場は、機体の残骸と死体の山となった。

墜落地点の大唐松は根元近くからもぎ取られ、横幅五メートルもある大岩も表面を削り取られ、黒焦げになっている。北の斜面は昭和二十八年に植林されたという唐松林などすべてが焼けただれていた。

丸裸になった唐松の幹や枝が燻《くすぶ》り、乗客のちぎれた衣服や、髪の毛らしきものが引っかかって、風に揺れている。斜面のあちこちにもぎ取られた手や足、首のない胴体などが無残な形で横たわっている。そして、スゲノ沢の瓦礫《がれき》の山の中から奇蹟の生還者四人が事故から十六時間後に救出されたのであった。

遺体の身元確認班が結成される

「さあ、戦争だ！　みんな腹ごしらえをしておけ」

役場の女性職員や近隣の婦人会員らによる炊き出しの握り飯をほおばっていたら、本部長に呼ばれた。

「飯塚刑事官は身元確認班長だ。わかってるだろうが、身元確認は航空機事故被害でもっとも重要だ。誤認引渡しの絶無を期してがんばってくれ」

と下命された。

検屍、身元確認の場所は、上野村から約六〇キロ離れた「藤岡市民体育館」となった。身元確認班スタート時点の態勢は、班長以下四個班での所属百六十八人であった。そして、真夏の八月十三日から冬の十二月十八日まで、三季百二十八日間に及んだ。それは、暑さとの闘い。死臭、腐臭との闘い。疲労との闘いでもあった。

五体満足な遺体は、ごくわずかだ。肉親らが面接してすぐに確認できた遺体は、六十体にすぎなかった。ほとんどが、離断遺体だ。五百二十人の身体が数千のパーツになって墜落現場に散ったのであった。

遺体の身元確認は、困難を極めた。

主な確認理由（方法）は、「顔・面接」「身体特徴」「指紋」「着衣」「歯型」「所持品」「血液型その他」であった。

身元確認班第三班長の妻

人生観・価値観を変え、倒れるまでの激務

「松島班長が倒れました」遺体の身元確認作業に入って四日目の十六日、藤岡女子高校の体育館にいた私に報告が入った。

一瞬、頭がぐらぐらっとするような感じがした。私がもっとも恐れていたことであった。殉職者だけは出してはならない。部下の健康管理や休養をさせる、ということはリーダーの大事な能力だ。私自身、事故発生以来、四日間というものほとんど寝ていなかった。整然と並んでいる棺と棺の五〇～

六〇センチの間隔の通路を、真っすぐ歩けなくなってきていた。

班員らも同じだ。まして、劣悪な環境下で動きっぱなしだ。どんなに鍛えられた身体でも限界に近いだろう。精神力だけでもつものではない。聞くと彼は、遺族の持ってきたスーツの共布（購入時に継ぎ当て用などに渡される同一生地の端裂《はぎれ》）と照合するため、心当たりの棺を探しているうち突然、棺だとか周囲の人たちが逆さに見えたり、回って見える。その直後、鼻血を出して前のめりに倒れたのだという。

彼は「大丈夫です。もう大丈夫ですから」と繰り返し言いつつ、必死に作業を続けようとする。私は「絶対にだめだ、今日は休んでくれ」と説得。班員に命じて、なおも嫌がる彼をパトカーで前橋の公舎まで送らせたのであった。

松島は翌日元気な姿で出勤してきたが、当時を思い起こし、「あの日、半日休んだのは残念で、無念だったです。しかし、あの晩死んだようにぐっすり寝かせてもらったので、最後まで任務を果たすことができました」と言った。


《一九八五年（昭和六十年）八月十二日。

群馬県の南西部に位置する「上野村」の御巣鷹山の尾根に、日本航空機１２３便が墜落し、なんの覚悟も準備もできないまま、五百二十の無辜《むこ》なる魂が一瞬にして生命を奪われた。

窓という窓を黒い幕で覆った体育館の中で、汗みどろで作業を続ける医師、看護婦、警察官らの集団。

おびただしい数の死体が放つ悪臭と、もうもうと漂う線香の煙。

時折、館内の喧噪《けんそう》をつんざいて走る女の悲鳴。号泣。阿鼻叫喚の声。

まさしく地獄絵図としかいいようのないおぞましい光景が……、そこにあった》

後年、日航機事故に関して『墜落遺体』（講談社）などにまとめた、それが実情だった。

当時、私は四十八歳。人間の生と死について初めて真剣に考えた。生きることの大切さを実感した。

「幸せとは……」「家族とは……」と自問した。

「人生観が、変わった」「価値観が、変わった」。あの体育館の中で極限の労苦を共にした医師、看護師、警察官らは、一様にそう言った。

警察官という職業の重さ

単独飛行機事故では世界最大の犠牲者を出したあの忌まわしい事故から、二十七年がたった。当時、身元確認班第三班長として、夏から冬に至る百二十八日間にわたり過酷な任務を遂行した松島幸雄さん（七十三歳）は、夫人の久美子さん（七十三歳）と、穏やかな表情で当時を振り返る。

「あの時はねえ、周辺の人も物もみんなぐるぐると回り出してね、そのうち、すう～っと、意識が遠のいたんですよ。すぐに気がついたんですけどねえ……」

「主人がパトカーで送られてきた時は、本当に驚きました。あの日は、一分でも二分でも寝かせてやりたいと、ただそれだけでしたわねぇ。でも翌朝はすぐに元気を取り戻して現場に向かいましたからね。ほっとしました」

「盗犯（泥棒）担当の刑事とか機動鑑識（火災現場の鑑識〔後述〕活動）とかの仕事が多かったので事件現場への出動はしょっちゅうでしたが、あんなに長く過酷な現場は初めてだったですねー。特定の犯人捜査ではなくて、遺体確認捜査なんですから……。空前絶後の死体と多数のご遺族が相手なんですからねー。

『指一本でも歯の一個でも持ち帰りたい』とか『足がなくてはあの世で歩けないじゃあないですか、早く見つけてください』とかねえー、悲しみの極致にいる人たちですからねー、辛かったですよ。精神的にも大変でした。今考えても、よくやったなあって思いますねー。もちろん、仕事以外のことはすべて女房任せでしたからやれたんです。まさに、内助の功ですよ」

丸顔、穏やかな表情の松島さん。目を細めて、声を出さずに笑った。

「職業の重さを感じましたですねぇ。主人が警察官だから、日本中が注目しているこの大事件に携わっているんだという重みなんです。警察官という立派な天職を持つ主人はあたしの誇りでもあるんだと、ね。日航機事故が妻であるあたしの人生観までも変えましたねー。その後のあたしの人生に一本の筋金を通してくれた、と思うんです。警察官という職業に命をかけている主人を現場に送り出す時はね、がんばってと、心でエールを送っていましたわねえー」

久美子さんは、当時の心境を思い起こして、涙ぐんだ。

「太田市（群馬県）で生まれ育って、そこの高校を卒業して、昭和三十五年に警察の事務職員に採用されて、太田警察署に勤務したんです。その春、主人が新任警察官として太田署に着任してきたんです。そして、五年後の昭和四十年に結婚したんです。

だから、警察官の妻というよりか、同じ職場で働く同期生という感じなんですねー。あたしは、結婚を機に警察を退職したんですが、主人と一緒に働いているという感覚は、結婚後もずうっと変わらなかったですねえ。

主人は、地域（交番・派出所等）、刑事、警備、交通、鑑識（犯罪を解明する指紋・足跡・遺留品等証拠資料の見分けや収集など）、とほとんどの部門の仕事をやってきましたが、あたしも事務職員で警察勤務をしてましたから、おおよその仕事内容はわかっていました。ですから、主人は警察の現場で、あたしは家庭で、子育て、教育、親戚付き合い等々の内勤（？）事務を担当していた、という感じかしら、ホホ……。

でも、主人の健康管理という面から思いますと、あの事故捜査は長期間で過酷でしたからねぇー、気をつかいましたねー」

言葉を選び静かな口調で話す久美子さんだが、時折潤むその目が、あの飛行機墜落事故が彼女にとってどれほど衝撃的なものであったかを物語っていた。

実際、日航機事故は、さまざまな人にさまざまな思いを確実に残した。先の松島班長と同様な立場からの声をさらに聞いてみよう。

一部前述したように、身元確認班は、班長の私以下、四個班編成でおのおの警部が副班長として統括していた。この副班長が、四つの各班長でもあった。

確認班第四班長の妻

年に一度の家族サービスの日が、おじゃんに

前橋市の東部。緑の蔦《つた》と白壁のコントラストが似合う洋風二階建ての住まいが、確認班第四班長だった中井弘巳さん（七十一歳）、妻・眞代さん（七十歳）夫妻の終《つい》の棲家《すみか》だ。近くの小学校から、体育の授業中なのであろう、子供らの元気な声が、風に乗って舞い込む。

「主人は結婚以来、ずっと、いつ帰ってくるかわからないような仕事をしていましたからねえ。日航機事故の時も、またしばらくは主人抜きの晩ご飯が続くかな、と思ってました。母子家庭のような生活は慣れっこになっていましたからね。慣らされたというか、ホホ」

眞代さんは、当時を静かに振り返る。

「主人は仕事のことは家で話したことないし、あたしも聞いたことはないです。だから特にこれといった思いはねぇ。でも、テレビで事故発生の状況を盛んにテロップで流していた時のことはよく覚えていますよ。墜落場所が、群馬か、栃木か、長野か、と我が家でも一喜一憂していましたから……。というのは、翌日が、毎年恒例の我が家の一泊温泉旅行の予定日だったんです。子供二人と主人の母と五人で、ね。仕事、仕事の主人が、盆休みに、年に一度の一家団欒《だんらん》の家族サービスをする日なんです。墜落現場が群馬と判明して、ささやかな家族旅行も、おじゃんになりました」

多数の警察官が身体に染み着かせた腐臭

「主人は『さあ出動だ！』と言って、下着をナップザックに詰めるだけ詰めて出かけましたが、そのまんま、五日間帰ってきませんでした。その後は、帰ってきたら、酒肴を出して、少しでも長く寝てもらうようにして……。洗濯だけは別々に洗ってましたけど……。そんなことくらいかしら、ホホ……」

身体に染み着いた腐臭は自分では気がつかないが、相当のものだったらしい。医師を含めて、事故にかかわった警察官は、玄関前やアパート（待機宿舎）の部屋の前で家族に素っ裸にされた、という。大部分の警察官がそのようであった。不眠不休で過酷な仕事をしてきて、家の玄関先で裸にされる。

何か気の毒なような気がする。

「それはすごいにおいだったですよー。線香のにおいに、何ともいえない腐臭が混ざってるんですね。玄関のドアーを開けて主人が入ってきた瞬間から、におってくるんですねー。でも、裸にはできませんでしたねー。ものすごい現場で仕事をして、くたくたになって帰ってくるんでしょう？　……可哀相というか、失礼でしょう、ホホ、いくら夫婦であってもね。

主人はお風呂場に直行して、シャワーを浴びて頭を洗って、ね。あたしは、どんなに主人が遅く帰ってきても、お酒の用意だけはしておきました。酒の肴も乾きものではなくて何か口に合うものをと気をつかいました。マグロのお刺身を出したら、これは勘弁してくれ、って。あ〜そうか、と思って……。焼き肉やカレーライスとかも料理しなかったですねー。

主人には、臭《くさ》いとかにおうとかはいっさい言わなかったですけど、洗濯物だけは分けて洗いました。あまりにもすごいにおいが染み着いているものですから。捨てるのはもったいないですからね」

「結婚したのが昭和四十年代の初めですから……。いわゆる激動の時代で、過激派グループの爆弾闘争、火炎瓶闘争の時ですからねえ。家を出ればいつ帰ってくるか、連絡のしようもないんですよ。連合赤軍事件、大久保事件等々携わってきましたから、長期捜査は慣れていましたけど、日航機事故での大量遺体現場は、格別だったですねー。悲しみの極限にいたご遺族が相手でしょう、捜査するほうも辛かったんです」

しんみりした顔で言う弘巳さんに、眞美さんが、黙って相づちを打つ。

――子供さんたちは寂しかったんでは？

「日航機事故の時は群馬東南部の太田警察署にいたんです。長男が中一で長女が小六でした。二人とも転勤は慣れていたし、さほど心配することはなかったんですが、（昭和）五十八のあかぎ国体の時は可哀相でしたねえ」

「あのときはなあー」

弘巳さんが、相づちを打つ。

「娘が前橋の荒牧小五年生の時にね、国体の開会式オープニングセレモニーである鼓笛隊の一員に選ばれたんです。嬉しくってねえ、毎日毎日手に血豆ができるほど練習してましたよ。そしたら国体の年の三月に、主人が警部に昇任して太田署に異動が発令されたんです。担任の先生や私の友達が『国体まで子供さんお預かりしますよ』とまで言ってくれましたけど、そうもいきませんしねー。娘も寂しそうな表情は見せましたが、『太田へ行く』って。

開会式当日、テレビで鼓笛隊の映像が流されましたけど、『うちの娘もあの中にいたのに……』と思ったら、涙で画面がくもって見られませんでした」

「私は国体の期間は太田中隊の隊長として警備にあたっていましたから、どっちみちテレビは見られませんでしたけどねー。だから、六十年八月に発生した日航機事故の時は、群馬県東南部、埼玉・栃木両県の境にある太田市から約二五キロ西の藤岡市民体育館の現場まで車で通ったんです。遅くなった時は遺体の納められた棺の側で段ボール箱を布団代わりにして泊まりました。

まあ、家族の支えがあってこそ激務も全うできたし、今日の平穏があるんですよ。女房と二人三脚の人生ですねー。『ご苦労さんでした』」

眞代さんを笑顔でねぎらう。

「こちらこそ」と笑顔を返して、

「だけど、警察を退職した今でも、家事はほとんどあたしまかせで、毎晩あたしの手作り料理で一杯やる習慣は変わらないんです。たまには料理、洗濯ぐらいやってくれてもねー、警察の仕事が大変だと思って、少し甘やかしすぎたかしら、ホホ……。でも、娘と息子の夫婦、孫三人の絆に恵まれて、今が一番幸せです」眞代さんは微笑み、

「うん、そうだねぇ」弘巳さんは、大きくうなずいた。

伝令の妻

遺族と本庁の窓口

大きな事件・事故の現場では、伝令の活動は重要である。私が身元確認班長を命ぜられた際、高崎署捜査一課長の関口警部が「刑事官、伝令にいいのを選んどいたほうがいいですよ。うちの刑事も持っていってください。一人でも二人でもいいですよ、気のきいたのを――」と進言してくれた。

「じゃあ、エイキューをくれ」即座に私は言った。長谷川という刑事が二人いることから、長谷川英久（当時二十八歳）のほうを「エイキュー」と呼んでいたのだ。

伝令の長谷川は、次々と本庁（群馬県警察本部）の指示を私に報告してきた。体育館の面積・構造は、資料室はどうなっているか、遺体の保存方法は、電話回線は……等々。長谷川一人が、ほとんど本庁との窓口になっていた。

遺体安置場だけでも、市民体育館のほかに、藤岡市立第一小学校、藤岡女子高校、藤岡高校と三ヵ所ある。各現場からは、遺族からの苦情・要望などが次々と報告されてくる。それも、長谷川が一人で受けていたのだ。あれだけの現場では、最低限三人の伝令は必要だった、というのが、反省点であった。

こんなこともあった。イライラしている長谷川に、本庁の補佐（警部）は「伝令は君一人か」と聞く。「そうです」と答えたら、「班長に言ってもっと増やせ」と命令された。むっときた長谷川が「検討しときます」と大声で答えると、「君の階級は何か」ときた。……いささか返答に窮しているところに、私が戻ってきた。

「本庁で、私の階級を答えよ、と言ってるんですけど……」長谷川が受話器を右手のひらでふさぎ、怒り顔を私に向けて告げる。

「警部とでも言っておけ」それだけ長谷川に返して、次の棺に向かった。

「あの夏だけ警部に特別昇任させてもらいました。その後は本庁の警部も私をさん付けで呼んできたりして……。あれから二十年以上、いまだに警部にはなっていませんけど……」

班長伝令として早朝から深夜まで、長期間の激務を成し遂げた長谷川英久さん（五十八歳）は、穏やかに笑った。

刑事畑一筋の彼は、現在刑事部組織暴力対策班のベテラン刑事だ。

――奥さんにとっても、あの時は長く厳しい夏だったでしょう？

「事故発生の八月十二日は長男が一歳の誕生日の二日前でしたので、なおさら脳裏に焼き付いていますねー、長女は五歳でした。二人の両親と一緒に誕生祝いをする予定でしたが、もちろん、どっかに吹っ飛んでしまいました、ハハ。その子も二十五歳になりました……」

妻の清江さん（六十三歳）は軽く目を閉じて、思いに耽《ふけ》るように言う。

プロスポーツ選手の妻に似て――

――特に印象に残ることは？

「事故に関する情報はあたしもほかの人たちと同じで、新聞、テレビで知るだけでした。主人は、現場のことはいっさい話さず、帰宅して、シャワーを浴びてただ寝るだけ……。あたしも、少しでも長く寝かせてあげたいと、それだけです。どす黒い顔をして、疲れきって帰ってくるんですよ。でも、疲れたなんてこと、言ったことないですねー。

深夜遅く帰っても、翌日は早朝出勤です。班長さんを公舎に迎えに行って、帰りは送ってからの帰宅です。健康だけが心配でしたねー。日本中の耳目が集中している大事故の現場でこの人はがんばってるんだ、と思うと、すごい人だと尊敬しちゃう。あの時は……ですけど、ね。フフッ」

傍らの夫を見て、笑う。

「主人は、長男の誕生日の八月十四日は明け方に帰ってきたんです。それでも、シャワーを浴びてから子供たちの寝顔を見て、ね。誕生日だよなぁって、つぶやいて、長男を抱き起こしちゃってね。藤岡の身元確認現場では何十人もの幼い子たちが、狭い棺の中で、早くお家《うち》に帰りたい、と悲しく待っているんですからね。主人はどんな気持ちで子供を抱いたんだろうかと、ふとんに入ってから泣いてしまいました。何も言わないけど辛いんだろうな、と思ってねー」

清江さんは、目を潤ませた。

「あと一つ、どうしても忘れられないことがあったんです」と清江さん。「事故から十日後ぐらいだったかしら、長男が幼児検診の便検査で陽性とされましてね。すぐに小児医療センターで精密検査をするようにと言われたんです。小児ガンの疑いがあるというんですよ。頭が真っ白になりました。確認現場もまだまだ大変な時で、主人の帰りも相変わらず夜中帰りでした。

主人の顔を見るなり、どうしても今日一日休んでくださいって頼んだんです。それで主人も驚いて班長さんにお願いして一日休ませていただいたんですよ。結局、検査結果はガンではなくて、トマトか何かの食べ物が血液と見られたということでした。あ〜よかった、と安心したら急に現場が気になって、主人は半日だけの休暇で現場に向かいました。あたしも、『もう大丈夫だから、早く行って!』と送り出したんです。せっかく休みをいただいたんだから、半日寝かせてあげればよかったのにねー、ハハ」

——警察官の妻として、今の思いは?

「プロのスポーツ選手の妻たち、と同じです。警察官を無事に卒業できるように、主人の健康管理に気をつけて、支えていかなければ、と。いえ、もっと働いてもらわなければ、ね、ハハ……」

と屈託なく笑う。

日航機墜落事故から二十七年たった今でも、あの事故捜査に携わった者たちは、事故現場の状況を聞かれると、一様に、口が重くなる。それは、飛行機事故がいかに凄絶、悲惨であったかを物語っている。そして、その警察官を支えてきた妻たちは「夫の身体が心配だった」「家族がいて、普通に生活できれば、幸せ……」と、口をそろえるのだった。

第二章

刑事魂

〝刑事病〟刑事の妻

名刺の肩書きは、百姓と猟師

久保寺章さん（七十歳）は四十二年の警察官人生のうち、犯罪の捜査を担う刑事警察勤務が三十六年。この範疇《はんちゅう》での盗犯、知能犯、暴力団犯罪、検視等やらない部署はほとんど、ない。捜査一課強行班長、刑事部管理官、機動捜査隊長、暴力団対策課長などの要職を経て、刑事部捜査第一課長を最後に、警察官人生を締めくくった。

「俺の行くところ、事件、事件、事件でね、やでも、『刑事病』（犯人逮捕のことばかり考える）に罹《かか》っちゃうよ。でも全然苦労とは思わなかったいねえ、かんくい（巡査――〈第四章〉に詳述）になりたくてなったんだから、事件を追いかけるのは当たり前さあね、刑事として恵まれたというか、楽しい警察官人生だったいねー」と穏やかに話す。

退職後、大手民間企業の調査官を五年間務めて、今は、悠々自適の生活。差し出した二枚の名刺の一枚は「百姓」。もう一枚には「猟師」という肩書きが記されてあった。日当たりのいい十畳の居間には、鮎釣り、渓流釣りの手綱や孟宗竹《もうそうちく》で作った鮎のおとり入れが、いくつも吊るされてある。みんな手作りであり、釣り仲間から頼まれるのだ、と言う。どれもが、芸術品とも言える見事な出来映えである。飾っておくだけで、立派な装飾品だ。感心して見とれていると、奥さんの律子《のりこ》さん（六十三歳）が「暇《ひま》なんですよ」と言い、声を立てて笑った。

「百姓ばっかりじゃあ飽きるしねー、暇つぶしには一番いいんさね」と、久保寺さん。『釣り師』という名刺も作ったら、と言ったら、声を出さずに笑った。名刑事と言われた人たちは、誰もが、個性豊かであり、実に人間臭いのである。

南向きの神棚の中央部には、命名、とした印刷文字の下に男子の名が黒々と記されてある。「長男の誕生して間もない子で、初孫です。近くに住んでいるので毎日会っているんですよ」。還暦となって数年という律子さんが、幸せな笑みをたたえて、言う。

刑事の妻は、楽？

結婚して半年後から刑事の女房、という律子さん。「苦労が多かったでしょう？」と向けたら、「全然……楽だったですよ」と、さらりと言った。

「事件捜査で留守が多かったですからね、主人は大変だったでしょうけど、あたしは楽だったですよ。掃除・洗濯だけしていればよかったんですから。でも、母子家庭のようでしたよ」と声を立てて、笑った。

「強行班（殺人・強盗・放火事件等）勤務を二度やりましたからね。連絡なしで、二日、三日と帰らないことはしょっちゅうでした。気にもしませんでしたよ。またどこかで事件か？　と思う程度でした。けど、グンテレ（群馬テレビ）のニュースだけは、よく見ていました。特に、午後六時のニュース。強行の奥さんたち、皆、同じでしたよ。長くなると、誰かが、下着取りに来るんです。だから、いつでも手渡せるように、洗濯だけは、ねー。一番の長期出張は、一年ですから……」と言って、ころころと笑う。

――一年も？

「強行班長になって二ヵ月後の昭和五十九年五月四日だったいねー」と久保寺さん。自分が担当した事件年表を見つめながら、低い声で言う。

「裏妙義《うらみょうぎ》（上州三名山の一つ、妙義山の一角。〈第三章〉参照）で、トランクに詰められた白骨死体が見つかったんだいねー、被害者は二十代の女性で、東京の六本木に住んでいた高級デートクラブのホステスだったんさね。彼女の男関係は一流企業の役員などが多く、下着類などもすべて高級ブランド品ばかりなので、デパートなどの顧客名簿から身元は比較的早くに割れたんだけど、犯人はわからない。

東京で殺されて、裏妙義に遺棄されたということで、『裏妙義女性殺人死体遺棄事件』という警視庁との合同捜査本部が設置されたんさね。それで、東京千代田区平河町の寮に泊まり込んでの長期捜査、ということになったんさ。残念ながら未決事件さぁねー」

「土曜日の夜帰宅して、月曜の朝早く東京へ行く、という一年でした」と、律子さん。

「奥さんも大変だったでしょう?」と言ったら、

「楽、楽……帰ってくればどんなに遅くても酒と食事の用意をしておかなくてはならないでしょう、帰ってこないんだから、あたしは、楽」と、笑う。

「警視庁の連中は寮に帰るといつも酒を飲んでたからねー、俺も警視庁との合同捜査で酒が飲めるようになったんだいねー」と久保寺さん。

――でも、子育ての苦労が?

「いえ、警察の集合住宅におりましたから、寂しくはなかったし、皆さんによくしていただきましたからね。皆さんとは今でもお付き合いさせてもらってます。異動が多かったので、たくさんの人に出会えてよかったと思ってますよ。何しろ主人は、子供の新盆《にいぼん》の時も、捜査で東京に行ってて、帰れなかったくらいですから……あの時も、ご近所の人たちのおかげでね……」と、傍らの夫を見やる。

――子供の新盆?

「結婚した翌年の四十九年七月、主人が最初の強行班勤務の時に長女が産まれたんです。でも、この娘《こ》、生まれつき身体が弱くてねぇ、入退院を繰り返していたんですが、五十年の七月十八日に、亡くなったんですよ。朝の六時五十分でしたねぇ。班長さん以下六人が弔問に来てくれまして……。そしたら、午前十一時頃、高崎市倉賀野町地内で、身元不明女性死体発見、という報告があったんです。もちろん、班長以下すぐに現場へ直行で……主人は、初七日を済ませてから、捜査に加わったんです」淡々と言う。

「被害者は東京在住でホステスをしていた三十代の女性、と身元が確認されたんでさあ、その日から東京で泊まり込みの捜査でさ。八月十五日の新盆にも帰れなかったんさね。交友関係から犯人は二十五歳のトラック運転手ということがわかって、八月二十八日に逮捕したんさねぇ。東京で殺して、群馬の山中などに死体を遺棄するという事件が、この事件をきっかけに、多くなったんだいねえ。だから、東京での泊まり込み捜査は、しょっちゅうだったたいねー」久保寺さんは遠くを見つめるような表情で、静かに言った。

「当時の心境は何も記憶にない」という律子さん。究極の悲しみのために、記憶すら残らなかったのか。意識的に、悲しみを脳奥から消し去ったのか。その妻を一人にして、捜査に行かなければならなかった久保寺さんの辛い心境も、また、測りようもない。結婚して間もない若い頃に愛娘《まなむすめ》を亡くすという深い悲しみを体験して、愛別離苦の苦しさを乗り越えてきた律子さんだからこそ、「刑事の妻生活は楽だった」と言えるのだ。普通の人生、当たり前の生活がいかに幸せであるかがわかるのだ、と思うのである。

──でも母子家庭のようだったのでは、大変でしたでしょう？

「長女が亡くなった翌年の暮れに長男が産まれたんです。子育てで心が癒されましたねぇ。この時も集合住宅だったので皆さんにいろいろ面倒みてもらって、助かりました。集合住宅には、合わせて十八年住まわせていただきましたが、楽しかった思い出ばっかり……。長男が小学校に入学した時のアパート（集合住宅）は、五階建てで、三十世帯が入居していたんです。若い世代の家庭がほとんどだったので、子供がにぎやかでしてねぇ、うちの子と同級の小学校一年生だけで九人いました。

遊ぶのも学校へ行くのも、いつも一緒で、家に帰るのは食事の時と寝る時だけ……。子供は遊ぶのが仕事でしょう、放っておけばきりがないので、夏休み期間中などは、母親同士で、午前十時までは外で遊ばないで、宿題をやることなどと申し合わせをしたくらいです。だから、まったく世話がなかったんですよ。いい時代だったんですよねぇ」

──父親の出番は？

「授業参観、進学時の三者面接など、主人が出たことはないですねー、幼稚園の運動会に一回出ましたか、ね。動物園とか海水浴とかは主人の弟が連れて行ってくれました。アパートには、刑事、防犯（現・生活安全）、警備、交通、警務と係の異なった人たちがいましたからね。毎晩のように帰宅が遅い人、定時にきちっと帰ってくる人など、さまざまです。

夜の十時頃、窓から庭を見てね、主人の車だけ帰ってない、なんてことは、しょっちゅうでした。この人は仕事の話は家でしたことないし、あたしも聞きませんでした。聞いたって仕方ないですからね。昇任試験だっていつあったか、わからなかったり……ほかの階の奥さんから『○○試験合格おめでとう』などと先に知らされたりねぇ。

子供たち同士もいろんな家庭内の情報交換しているようでしてね、子供の前ではうっかり大事な話はできませんよ。夏休みに家族でどこ行ったなんてことは当たり前の話題ですが、誰々のお父さんは早く帰れるから試験勉強ができる、とか、休暇が取れる係だから旅行に連れて行ける、なんてことは絶対に言えませんねえー、ハハッ。まあ、アパート全部が家族のような雰囲気だったし、主人も、休みの時は、子供とキャッチボールをしたり、近くの公園に連れて行ったり、と気をつかっていましたから、父親に対する不満などは聞いたことなかったですねー。

子供は仕事に打ち込んでいる父親の後ろ姿をちゃんと見てるんですねぇ。でも主人は、息子が高校入試の面接の時には、刑事警察部門でこういう仕事をしている、と初めて話してやってましたよ。親子の会話がないなんて思われても、と思ったんでしょうね、ハハ。亭主元気で留守がいい、というけど、けっこう父親としての出番もあったんですよねー、感謝しています。ハハハ……」

律子さんの言う集合住宅とは、警察内部で「待機宿舎」と呼ぶアパートで、中規模・大規模の警察署には、ほとんど建てられている。大規模署には、独身待機宿舎もある。

ただし、入居者の職種は刑事や交通勤務などと異なり、採用年次も違う警察職員が同居しているので、必ずしも、いいことばかりではないようだ。とりわけ、警察は階級制度のはっきりした社会なので、昇任試験時や人事異動時などには、微妙な空気が漂うし、ねたみ、恨み言だってないわけではないであろう。

特に女性は職種とか、趣味とか、子供同士が仲が良いとか悪いとか、夫が上司・部下の関係にあるとかで特定なグループで群れたり、時には、いじめだってありうる。だから、「あの人は暇な課にいるから試験勉強ができる」「うちの人は忙しいから、偉くなんかなれないわ」なんてことだって、ささやかれる……。昇任試験シーズンになれば、競争相手の住むアパートを便所の窓から見て「あなた○○さんまだ勉強してるわよ」なんて、はっぱをかける妻だっているのだ。

でも、時がたてば、そんな思い出は消え去り、絆《きずな》の深いよき思い出だけが、記憶に残る。人生そんなものだ。今の社会、その絆すら薄くなる一方である。

「あの頃はいい時代だった」と言った律子さんの言葉の意味が、うなずける。

記憶に残る事件

「刑事の妻として三十年以上、事件、事件、事件の連続ですからねー、強いて挙げるとすれば、一つは、昭和四十七年七月に、霧積《きりづみ》温泉郷で二十四歳の女性が殺された事件ですかね。

あたしの実家のある『松井田《まついだ》警察署』管内で発生した事件ですから。そして、結婚して六ヵ月後の四十九年の四月に、主人がその松井田署に、『霧積温泉女性殺人事件』特命刑事として異動になったんです。だからあたしは、六ヵ月実家を離れただけで、主人の異動で戻ってきたんです。実家に住んだんですよ。だから、あたしはよかったんですよ、ハハ……」

「俺が松井田署で八年も刑事《デカ》をやっていたから専従になったんだけどさぁ、結局この事件は未決なんさね。被害者は県内伊勢崎市内のガソリンスタンドで働く真面目な評判のいい娘《こ》だってんで、なんで、人気《ひとけ》のない山道を一人で歩いていたのかとか、謎の多い事件だったんだけど、残念だったいねー」

「もう一つは、強行班長の時、一年間東京で泊まり込みの捜査をした裏妙義の女性殺人事件ですかねー、これも松井田署管内で……」

「この事件も、未決なんさね。俺の担当したヤマ（事件）は未決が多いんだよ」ヘヘッ、と口だけで笑う。

「だけどあたしは楽でした、ハハハ」律子さんは、楽という言葉をよく口にした。屈託のない笑い声は、途絶えることがなかった。

「サブちゃん刑事《デカ》」の妻

特別な思いがあったわけではなかった警察入り

「まさか刑事の妻になるとは夢にも思わなかったですよ。二人とも妙義山の麓《ふもと》の町に生まれ育ったんですけどね、主人は裏妙義側の松井田町（現・安中市）で、あたしは表妙義側の下仁田《しもにた》町でした。あたしの母と主人の姉が知り合いだった関係で、見合い結婚したんです。

当時主人は満鉄（満州鉄道）に勤めていましてね、あたしは下仁田町役場に勤めていたんですよ。満州と聞いたら急に行きたくなっちゃってね。日本が満州事変によって作った国家でしょう、憧《あこが》れもあったんでしょうねぇ。自然は豊かですけど何かと閉塞《へいそく》感の漂う山里から抜け出したかったんですかしらねぇ、それが、主な結婚理由かしら……。ホホッ。あたしが二十二歳、主人は二十七歳でした。

新婚時代の住所は、満州国林口県林口街というところで、主人は林口の駅に勤めていたんです。あたしはそこの役場の戸籍係に採用してもらったんです。広大な大自然に囲まれた素晴らしいところでして、長男も授かったんですが、ここでも戦争が始まりましてね。

長男が生まれて十八日目でしたねー、乳飲み子を抱いて戦火の中を逃げ回って……。そして、終戦を迎え、翌年の昭和二十一年の七月に日本に引き揚げてきたんです。主人は、この年に警察官になったんです」

「国鉄（現在のＪＲ）と警察の両方受かったんだけど、警察のほうが先に通知くれたんで警察官になったんですよ」

戦中戦後の混乱期から激動の昭和の時代を、妻として、母として、気品ある口調で静かに話すキヨさん。九十歳になった、というが、実に若々しい。キヨさんの隣にどっかとあぐらをかいて、逐一説明を加える夫の佐藤三郎さんは、九十五歳。差し出した名刺の肩書きには、日本中央交通相談役、群馬県警察特別講師とあった。

サブちゃん刑事《デカ》＝佐藤刑事の横顔

《高島署刑事一課指導官・佐山三郎警部、五十九歳。彼は、警察官を拝命して以来、高島署を離れたことがない。最初の交番勤務二年間を除いて、あとの三十二年余りは刑事道一筋である。まさに、刑事を天職とするこの男は、明けても暮れても頭の中は、犯罪捜査だけだ。昼夜を問わず犯罪捜査にあたり、犯人を捕まえることだけに人生をかけているような男なのである。

……市長や警察署長の名を知らない人も「サブちゃん刑事《デカ》」という名は知っている、といわれるくらいの有名人でもある。

彼は若い刑事たちに「街の風景をいつも頭の中に入れておけ」と言う。それは、風景とは周辺の景色だけではない。人の動きもだ。いつも何時頃には、新聞配達員が通る、宅配の車が通る、決まって何時頃には犬の散歩をする夫婦がいる、あの家にはいつも何台の車が停まっている、あのアパートは若者たちの溜《た》まり場になっている等々だ。もちろん、ホームレスがどこの橋の下に何人、公園に何人……等は把握しており、彼らも有力な檀家（協力者）にしているのである。

古びた自転車を漕《こ》ぎながら、高崎市内のどこにでも飄々《ひょうひょう》と現れては「愛の欠陥者はいねえかね」と声をかけるのだ。

「今の刑事はすごい車に乗りたがるけど、車に乗っていては街の風景はわからねえよ」と言う。

公園の便所の中に生まれたての赤子《あかご》が遺棄された「嬰児《えいじ》死体遺棄殺人事件」があった。県警本部から強行班も出動した。だが、被疑者の有力情報はない。サブちゃんはすぐに市内の薬店の聞き込みをした。

「お腹《なか》の大きい妊婦で急に来なくなったような人はいないか」などと尋ねた。

そして、「そういえば、急にお腹のしぼんだ若い女性がいますよ」という情報を得た。彼女が犯行を自供して事件は早期に解決したのであった》

これは、拙著『刑事病』(文藝春秋)の中の一節であるが、モデルは佐藤三郎氏であり、ほぼ彼の刑事歴が記されるなど、佐藤さんから多くの取材をさせていただいた。

偉大なる刑事バカと一緒に歩んだ年月

——警察官の妻になってからの生活は?

「乳飲み子を抱えて戦火の中を逃げまどったあの恐怖と苦労を考えれば、何もかもが、楽でしたよ。

警察にお世話になって最初の住まいは、高崎市の新町《あらまち》というところにあった警察寮……と言いましても、陸軍憲兵隊の事務所と厩舎《きゅうしゃ》があったところでしてね。あたしたちの寮は馬丁《ばてい》さんのいたところで、畳四枚が横に並べてあっただけで……まあ、人の住む家と言えますかしら、ホホ」

「馬小屋ですよ。馬が三頭いたところだから、馬のにおいが染み着いていたいねぇー」

「人間が住むにしてはまことにすごいところでしたけどね、庭が広くて、子供を育てるにはよかったですわよ。水道料もかからなかったしねぇー、ホホ。ここの寮には六世帯住んでいましたから、寂しくもなかったですよ。

そこには五年住んでいたかしら。次男はこの厩舎跡で生まれましてね、長男はここで小学校に上がりましたからね。先生が家庭訪問に来る際に長男が、『先生、僕んところは馬が住んでいたところだから、びっくりしなさんな』と言ったりしてね、ホホ……。若い時は住むところなんか、たいして苦になりませんでしたねぇ、三男は一戸建ての家に越してから生まれましたけどね」

——刑事の妻として、特に記憶に残る事件とか苦楽の思い出は？

「特に思い当たりませんですねー。この人、いつも事件・事件、捜査・捜査、ですからね。ありすぎて何も覚えていませんですよ。知ってもしょうがありませんから知らないようにしてましたしね。主人も何も話してくれなかったですから。ですから、楽しかった思い出も特にないけど、辛かった思い出もないですよねぇ。困ったこともないですねぇ」淡々と言う。

「お給料が安いから、和裁、洋裁とかの内職仕事はよくやりましたわよ。競馬場にも勤めましたわね。子供が三人いてお金が足りなかったですからね。競馬場の売り上げ計算の仕事は子供たちが中学校を卒業するまでやりました。昼間競馬場に行って、夜は主人が帰るまで内職仕事で……『お前は呑気《のんき》だなあー、愚痴もこぼしたことねえなあー』って主人は言ってたけど、仕事は苦にならなかったですからね」

「今も愚痴は言わねえけど、俺の悪口を言うようになったいねえ」サブちゃんが、口を挟む。

「悪口じゃあないですよ、本当のこと言ってるだけですよ、ホホ……。事件、事件で夫婦《ふうふ》喧嘩《げんか》する暇もないんですからねぇ。

事件がない時でも夕飯を食べて、テレビで七時のニュースを見て、また出かけるんです。街を一回りしてくるんですねー、檀家回りとか、街の風景を見る、とか言ってね。ですから主人が服を脱いで寝る頃には、とっくに子供たちは寝ているんです。会話もないですよね。どういうわけか、動物園に一回だけ子供たちを連れて行きましたかしら……。あとは何も……。もちろん、子供たちは誰も警察官になりたがらなかったですよ。特に次男はね、警察のケの字も嫌だって……」

――佐藤学校って、知ってましたか？

「ええ、うちには刑事さんがしょっちゅう来てましたからね。お酒を飲みながらそんな言葉も出ていましたからね。主人は晩酌はしなかったんですよ。外で飲んだり、若い刑事さんをお連れしてきて飲むのは好きだったですけどね」

「年中外で飲んでたら金がかかるからさ」とサブちゃん。

「あたしは、商家の娘で育ったから人寄せが好きなんですよ。だからどんなに夜遅く皆さんが来られても、苦にならなかったですよ。『奥さんのテンプラはうまいからねえ、天下一品だいねえ』なんておだてられながらねぇ、ホホ。……主人がいない時でも若い刑事さんが来てね、『奥さん、飯《めし》食べさせてくれるかい』って。何にもないわよ、残り物だわよ、って言うと『それでいいよ』ってね」

「刑事には酒を飲みながらの『座学』というのも大事なんだいねえー、若い刑事はそこで先輩の刑事学を学ぶんさね。だけど、勉強もしなくっちゃあだめだ、俺みたいになっちゃうぞって、言ってたんさね。だから佐藤学校の刑事はみんな俺より偉くなったいねえ、ハハハ」サブちゃんは、豪快に笑った。

「刑事、刑事、刑事の刑事バカなんですよ、ホホ」とキヨさん。

――二人で旅行とかは？

「とんでもない――。外でのお食事もしたことないですよ。好きな映画も観られないで、刑事の妻をやってました」

退職の日は？　と向けると、

「それがね、花束をいただいて帰ってきたから、『今夜は外でお食事しましょうか』と言ったら、『午後の十二時までは、刑事だ』って。夕食を済ませて、七時のテレビニュースを見て、いつもどおり自転車を漕いで街に出ていきましたから……この人から刑事を取ったら何が残るんだろうか、って、本当に心配しましたですよ」

「刑事病に罹っちゃったんだからしょうがねえやい」

「この病気、退職したら治ると思ったら、今でも治ってないですよ、ホホホ。今のほうがあたしは大変だわ。家にいるだけね、ホホ」

「最近は俺の悪口を言うようになったいねー」とサブちゃん、また同じ言葉を低いしわがれ声で、言う。

——そんな刑事病のご主人に点数をつけると？

「そうねえ、仕事だけは人並み以上によくやってくださいましたから、合格点はやれますけどねぇ。でも、あたしは今が一番幸せ。近くに長男夫婦と孫二人もいますしね。ママ（長男の嫁）がとってもいい人だからねえ」キヨさんは、幸せそうに微笑んだ。

　サブちゃんの日課は、新聞の事件記事をスクラップすることから始まる。そして、警察学校や警察署からの講演依頼に備えて、犯罪手口と捜査手法など刑事哲学を整理する。それらを記載した一〇メートル以上に及ぶ巻物は、県警内でも有名だ。

「どんなに科学捜査が進んでも、刑事道の基本は変わらないし、犯罪の本《もと》にあるのが愛の欠陥、ということに変わりはねえよ。愛の欠陥者を探すために、街の風景を日頃よく見ておくことだいねえ。そうすれば、違った風景にもすぐに気がつくんだ。刑事は五感の作用をよく働かせることだいねえ」

サブちゃん刑事《デカ》の顔になった。「偉大なる刑事バカ健在也《なり》」である。

「将軍」刑事の妻

名刑事の異名は、将軍

《表彰状

将軍こと小平三雄　殿

君は、拝命から今春までの長期にわたり、同僚・部下・後輩を踏み台にし、上司の指示命令には文句を言いながらも、負けず嫌いな性格からか、その職務を全うしこれまでに数々の功績を残しました。また君は、数々の修羅場《しゅらば》を経験し幾度となく職を失いかけたにもかかわらず、今春、無事卒業を迎えることになりました。現在、伝承制度を導入している我が組織において、職員誰もが習得したいと考えている伝説と化した離れ業と悪運を持っている君であるが故に成すことが出来たことだと考えます。

よって、その功績と刑事警察の卒業を祝し、ここに記念品を添えて表彰します。

平成十九年吉日

将軍を送る会　群馬県桐生支部》

「あたしは、居間に表彰状を飾るのは他人に見せびらかすようで嫌だったんですけどね、主人が、『三枚だけは飾らせてくれ』って。一生懸命に勤めてきた刑事人生の証《あかし》だと言うんですよ。なかでもこの将軍様の表彰状はよほど嬉しいらしく、一番目につくところに飾ってね、時々見つめていますよ。三十年以上も刑事やってましたから、表彰状は数えきれないほどいただいてますけど、刑事仲間から送られた表彰状はこれ一枚だけですしね、内容は、主人の生き方そのものでねえ、あたしとしても、嬉しい表彰です」

妻の和子さん（六十三歳）は、上司・同僚・部下・後輩の十二人連名で贈られた表彰状を見上げながら、言った。

畳八畳の和室。大きなテーブルを挟んで、神棚を背にした席が三雄さんの指定席で、将軍様あてのユニークな表彰状は、その正面南側の鴨居《かもい》に掲げられてある。そして東側の鴨居には、警察本部長の表彰状と「刑事の勲章」という刑事部長の表彰状が、並んで掲げられてあった。

「本部長章は退職前一番直近にいただいたもので、刑事の勲章は、県警の刑事のなかから十人が選ばれた刑事のお墨付きのようなものなのでねえ、これも、嬉しい表彰なんですよ」と三雄さん（六十五歳）は表彰状を見上げる。

――将軍という異名は、どうして？

「がんこで、わがままで、すぐに、かっとなってね。でも、部下・後輩の面倒見はよかった、ということかしらねえー。それに、この風貌《ふうぼう》。ハハ……」

長身で固太り、色白でふっくらした顔、ぐるりとした目玉に小さめの引き締まった唇の三雄さん。どこかの国の将軍様に似通った風貌ではあった。

刑事の名門（?）佐藤学校に

――結婚した時は、刑事？

「いえ、あたしは桐生《きりゅう》署の隣にある交通センターに勤務していたんですが、そこにこの人が、毎日のように顔を出すんです。とにかく、明るくて元気な人で、目立つんですよ。でっかくて、目も大きいしね。そのうち同僚たちが、『ほら、また来たよ』って、あたしに言うようになってね。あたしがお目当てだってことがわかってきたんです。

ええ、いちおう恋愛結婚ということになりましたけどね。何しろ、この人最初から何事も強引でしたから、ハハ……。

当時主人は交番勤務で二十二歳、あたしはまだ二十歳でした。刑事になったのは、その後高崎署に異動になってからですよねえ」と、傍らの夫を見やる。

「そうです。高崎管機（関東管区機動隊高崎小隊）を除隊して市内の交番勤務になったんです。高崎署は県内で一番でっかい署ですから、とにかく目立たなくちゃあってね、一生懸命やりましたよ。だけど、花の高崎刑事なんて、とてもあそこまでは届かないだろうなーという存在でしたねー。どの刑事にも、おっかなくて（怖くて）口もきけなかったくらいでしたから。でも、一生懸命やろうって、ね。そしたら、交番勤務で三ヵ月ぐらいたったある日、傷害と恐喝で手配中のマル暴関係の奴《やつ》によく似た三十代の男を職質したら急に逃げ出したんで、五〇〇メートルほど追いかけて、格闘の末捕まえたんです。これが、交番での初手柄でした。

そしたら数日後、交番に刑事のなかでも一番おっかないと思っていた佐藤刑事が来て、『お前、刑事になる予定だからな――』って、言うんですねえ。かあっ、と頭に血は上るし、胸はドキンドキンするしねぇ、嬉しくって、嬉しくって、信じられねぇーって叫びたい心境でしたよ。ちょうど、刑事に一人空きがあったんですよ。ラッキーでした。

特に、佐藤刑事に認められたというのが嬉しかったですねぇ。『佐藤学校』とまで言われて、刑事警察では知らぬ者はいませんでしたからね。俺も、佐藤学校に入門できるんだっていう心境でね。今でも尊敬している恩人です。刑事のイロハを教えてくれただけでなくて、いろんな生き方を学ばせてくれた人でしたからねー」三雄さんの口調は、だんだんに熱っぽくなってくる。

刑事の間で、いつとはなしに「佐藤学校」と言われるようになった校長（？）の佐藤三郎刑事は、前節で記したように「サブちゃん刑事《デカ》」と言われ、警察内部だけではなく、市民からも慕われていた。一級の泥棒たちにも、サブちゃんの名前は行き渡っており、彼に調べられるとその名前を聞いただけで、自供《ゲロ》してしまう、という話さえ伝説化して語り継がれているのである。この佐藤さん、米寿を過ぎた今でもまだまだ矍鑠《かくしゃく》としており、県警の特別講師として、警察署の刑事講習の講師として、熱っぽく、刑事哲学を語っている。

――刑事の妻になって、変わったことってありますか？

「仕事のことは家庭にまで持ち込まない、ということになっていましたので、特に変わりませんでしたけど、ただ、時間が極端に不規則になりましたねぇー、夜は何時に帰ってくるかまったくわかりませんし、朝は早いしねぇ。新米刑事だから一番早く出署して、二十人以上もいる刑事部屋《デカベや》みんなのお茶入れをするんだって、ね。あたしの生活リズムは狂っちゃいましたけど、主人は生き生きとしてましたからね、あたしも嬉しかったですよ」

「先輩刑事の湯呑み茶腕を覚えるのが、デカになって最初の仕事でしたよ。なかなか覚えられないので、茶碗のお尻にマジックペンで名前を書いたら、同じ班の先輩に『二十人や三十人の茶碗と名前が覚えられなくって、被疑者や犯人の手口なんかが覚えられるか！』って、こっぴどく、叱られましたよ。これも、サブちゃんの教えを引き継いでるんですよ。観察眼を養うっていうか、なんでも楽をしたがっちゃあだめだ。刑事の仕事に無駄なんてものはない、ということなんですね」

三雄さんが、口を挟む。

「そうそう、変わったことと言えば、ドロボー（泥棒）さんから手紙をもらって驚いたことがありましたねぇ、ハハハ……。

刑事になって三ヵ月ぐらいたったある日の朝、『おむすびを三つばっか握ってくれ』と言うんで、ウメボシとノリのおむすびを作ってやったんです。そしたら、その晩遅く、主人がニコニコ顔で帰ってきましてね。『むすびのおかげでドロボー被疑者が、余罪をみんなゲロしたよって……。そして、その二日後に封書が届いたんです。『愛情のこもったあんなにうまいお握りは生まれて初めて食べました。罪を償って、出所したら真面目に働きます』というようなことが書いてありました。胸がジ〜ンと熱くなりましたね。嬉しかったですよ。刑事の女房も役に立つことがあるんだ。喜んでもらえたんだ、とね」

「今では被疑者に対するそういう行為は、便宜供与になるということで、禁じられていますけどね。サブちゃんは、『犯罪者は誰でも愛の欠陥者だ。人間は誰でも必ず弱いところがある、と言うんですよ。あの男は、幼い時から両親の愛情を知らずに育ったんですねー。

　小学校の運動会でほかの子供は家族らと楽しそうにご馳走を食べていたけど、自分は一人ポツンと、校庭の片隅で、パサパサのパンをかじっていたと言うんです。むすびをほおばりながら、涙を流して言ってましたねー。おむすびで自供するとは思いもしなかったですよ。だから、こっちがびっくりでしたよ。俺はまだ駆け出しの刑事だから、先輩の取り調べ補助をしていただけだったけど、刑事がますます好きになりましたねー」

「その年、長男が生まれたんですけどね。あたしが臨月に入っても捜査に夢中で毎晩遅くてね。お産の日も、この人捜査で富山へ行ってたんですよ」

「刑事課長から電話がかかってきましてね、『バカヤロー、奥さん臨月だんべー、男の子が産まれたぞ、すぐけえって来い！』って、大声で叱られましたけど、嬉しかったですよ。でも、もう少しで被疑者の居場所を突き止められる、というところでしたから、残念でした」

「刑事バカなんですよ、ハハ……」和子さんは、愉快そうに笑った。

まさかの署内異動で、号泣

——その後は退職まで刑事畑で？

「いえ、それがね。刑事一年半で、突然の署内異動になったんです。それも、駐在所なんです。同じ署内でも、駐在所だから、すぐに荷物をまとめて引っ越さなければならないでしょう。慌てましたねー。この人珍しく早く帰ってきたと思ったら、玄関に入るなり『おい、駐在へ異動だい』って言って、男泣きもいいとこ、号泣ですよ。『こんな辞令は受け取れません』って、課長の前で破り捨ててきた、と言うんですよ。まだ二十代で若かったですからね。

あとで事情がわかってきたんですけど、警察官をしている主人の三つ上の兄が、巡査部長に昇任して、高崎署に異動してきたんですねえ。それで、同じ署内ではやりにくいだろうって、駐在にと……」

「そんなこと納得いくもんですか。俺のほうが早くからきているし、一生懸命やって、いいドロボーを何人も捕まえて、本部長章だって何本ももらってたんですからねー、刑事はずされる理由がわからないですよ。だから、負け犬のような気持ちになって、吼《ほ》えまくりました。ハッハッハ……」

声高に、笑った。

「あたしもびっくりしちゃったけど、お兄さんもきたことで異動が決まったことだし、駐在所もいい経験になるんだから……、いい人生経験になると思うよ、と一生懸命励ましたり、なだめたりしてね。口惜しい気持ちはわかるけど、お腹の中には二人目の子が入っていましたし、泣いてなんかいられないですよ。

でも主人は、からっとした性格ですから、駐在所に行っても地域の人たちにすぐに溶け込んで、好かれましてね。駐在所勤務は一年だけでしたけど、あたしもいい経験ができたし、楽しかったですよ。主人が警邏《けいら》なんかで出ている時には、電話応対や拾得、遺失届けそれに揉《も》め事《ごと》の相談まで受けたり……。

二人とも若かったから、仕事以外にもいろんなことを教えてもらってね。子育てについてもねぇ。いい人生経験ができました。今でも、親戚付き合いしている人が何人もいますしねぇ」

「負け犬のまんまではいられませんからね。管内をよく回って、一生懸命やりましたよ。本部長章をもらうようないいドロボーも捕まえましたよ。サブちゃん刑事《デカ》に鍛えられた刑事根性だけは忘れてはならないと思ってましたからね」

――駐在所のあとは、刑事?

「ええ、西毛《せいもう》（群馬県西部）地区の富岡署に異動になり、刑事になりました。あとは、定年退職までずうっと刑事畑です。富岡署に着任したその日に、Yという刑事課長に、ちょっと来い、と呼ばれて、『お前、刑事だからな。サブちゃんの学校を卒業したんだからな、しっかりやるんだぞ』って。嬉しくって、身震いしましたよ。これからは、何をやっても、負けないでやろう。佐藤学校の落第生になっちゃあいけない、サブちゃんに申し訳ない、と決意したんです」

「とにかくこの人、刑事バカというか、明けても暮れても捜査、捜査でねぇ、子供は男の子三人ですが、生まれた時は、いつも捜査中でした。まあ、あたしも大病を何回もやりましたから、この人の、出世の足を引っ張ったと思ってますけどねぇ」

——大病って？

「あたしは、九の年が悪くって、二十九歳の時、腎盂炎《じんうえん》を患い、その後、尿管結石で手術。三男が生後五ヵ月の時でした。この頃が、子育ても一番大変でしたかねー。そして、三十九歳の時に、胃ガンで手術。四十九歳で、甲状腺《こうじょうせん》のガンを患いました。病院に診察や検査を受けに行く時も、子供が病気で医者に連れて行く時も、主人は一度も一緒に行ったことはなかったですねー、捜査でね。と言うと、主人はすごく悪い男だと思うでしょう、ハハ……。主人に言わずに一人で行ってましたからね。

だけど、胃ガンの時は主人が、群大（群馬大学）病院に呼ばれたんですよ。主治医の先生は、あたしには、胃潰瘍《いかいよう》だって言ってたんです。手術したほうがご飯がうまく食えるようになりますよって。だから、主人はあたしには内緒で、群大病院に行ったんですねー。

主人は医師に『ガンなので早期の手術が必要』とはっきり言われたんですねー。主人はびっくりしちゃって、あたしの母に『お母さん、和子は手術するんですよ。手術しなければならないんですよ』って、泣きながら電話してるんですよ。

だから、あたしは胃潰瘍なんだから、泣くことはないでしょう。悪いことを想像しちゃうじゃあない？　って主人に言ったんです。

結局、ガンを知らされなかったのはあたし一人だけで、子供たちもみんな知ってたんですよ。三男はまだ小学三年生でしたけど、お父さんから『お母さんはガンの手術をするんだから、みんな助け合ってしっかりやるんだぞ』と言われた、と話すんですねぇ。この話を聞かされたのは、十年後に甲状腺ガンの手術を受ける時でしたよ。でも、告知をされなかったから、勤めをしながら、子育てをして、夢中でガンを克服しちゃった、という気がするんです。だから、甲状腺の時は、はっきりガンと言われましたけど、ちっとも怖くなかったですよ」

――入院中や病後の家事等は？

「主人が仕事から帰ってから、掃除、洗濯、食事の世話など、みんなやってくれましたから、ね。それに、子供たち。本当によく助け合ってやってましたねー。

胃ガン手術の数ヵ月後に腸閉塞になりましてね。死ぬと思ったぐらいの苦しさで、救急車で群大病院に運ばれて手術したんですけどね。この時も、主人は東毛《とうもう》地区方面の事件で捜査中でしたよ。連絡を受けた主人が覆面パトカーで、部下の若い刑事さんとサイレンを鳴らして駆けつけてくれましてね。職権乱用ですかねー、ハハ。

この時病室にいた当時高校二年の長男が、この刑事さんに、『うちのお父さんは、口が悪くて、わがままで、いつもご迷惑をおかけしてすみません』って、挨拶したんで、びっくりしちゃいました。

子供はちゃんと立派に成長しているんだと、じ～んときちゃいました。それと、ね。なんといっても、ご近所に助けられましたよ。子供がまだ幼い時は、泣いている子がいると、何も頼まなくても来てくれて、子供を抱いてくれたり、『見ててやるから、早くお遣いに行ってきな……』とか言ってねー。おかげさまで子供たちは、愛の欠陥者にならずに、育ってくれました」

――刑事の妻としての苦労も多かったのでは？

「う～ん、強いて言えば、転勤とそれに伴う引っ越しが多かったことでしょうか。転勤が十四回で、引っ越しが十二回でした。このうち一回は後輩刑事を庇《かば》って課長さんとトラブルを起こしましてねー、それで、異動。異動慣れしましたけど、引っ越しは、大変ですよ。

主人は、荷物を降ろせば翌日から仕事ですからね。荷物をほどいて整理するのは、女の仕事ですから。これが、一番疲れます。引っ越しすると、必ず寝込んじゃうという奥さんよくいますよ。あたしも、その一人ですけどねー。

それに、子供のことで苦労するんです。一番大変なのは子供なんですけど……。山間部の警察へ行くとね。子供までが、よそ者扱いされることがあるんですよ。ある日、一人の小学生がみんなに囲まれて、こづかれたり、蹴飛ばされたりしていじめられている現場に遭遇したので、『どうしたの！』と自転車を降りて行ってみると、なんと、うちの次男だったんです。

絵画の展覧会で入賞しただけで、生意気だ、と。子供の世界も大変なんですよ。でも、県下各地に友達ができた、というメリットもありましたけどね。子供が楽しく生活しているのを見るのが、親としてはもっとも嬉しいことなんです」

――刑事の仕事のほうでは?

「それは、女房にいろいろ苦労をかけましたよ。無事に退職できたのは、家族のおかげですよ。ここに掲げてある三枚の表彰状だって、女房の内助があったからです。子育ても任せっぱなしでしたが、子供たちは、しっかりした社会人に育ってくれてますしね。ただ、一人くらいは警察官にしたかったんですが、三人とも、嫌だ、と。仕方ないですよね、捜査、捜査でお母さんに苦労かけている姿を見て育っていますからねー。

俺も、小遣いを好きなように遣ったから、女房も、三人の子供を教育するための生計を立てるために、働きに出るようになりましてね。まあ、金を遣ったといっても、捜査のためだったんですけどね。捜査費なんて、内偵段階では出ませんから……」

和子さんを時折見やりながら、感謝の言葉を先に口にした。

「捜査と言っても、パチンコとか、毎晩スナックなどで閉店まででしょう。変に思いますよねぇ。毎晩、店の人に送られて帰ってくるんですよ。仕事を家に持ち込まない、という約束事がありましたから、二人とも黙っているので、ますます、関係がおかしくなっちゃって……。女でもできたのか、と本気に疑いましたよ、ハハ。

ある晩『毎晩店が閉まるまでいるなんておかしいんじゃあないの？』って、問い詰めたんですよ。そしたら、捜査だって。それからは、あたしに心配かけない程度に、話すようになったんです。『今日は暴力団事務所の手入れだ、とか、手配中の凶悪犯人のヤサ（居場所）に踏み込む』とか言って、勝負スーツを着て、早朝まだ暗いうちに出ていくとね、今度は心配でねえ。でも、厳しい顔つきのそういう主人が、一番刑事らしくて好きでしたねー、ハハ……」

「スナックは指名手配被疑者の立ち寄り先とみていたので、毎晩、客を装って、張ってたんです。パチンコに通ったのは、仕事もしていないのに毎日パチンコしてる奴なんて、ドロボーでもしているからだ、ということでね。

サブちゃんに教わった、街の風景を見るための捜査活動です。自然の中から、不自然な景色を見つけるためです。ですが、仕事のこともある程度話しておく必要があるな、と思って話しました。

でもパチンコはねー、面白いから、夢中になっちゃってね。仕事を忘れちゃうこともあるんですよ。取られると口惜しいから、また、やる。仕事にかこつけて、という面も確かにあったですねー。すみません。ハッハッ……」

「我が家の将軍さまも、人間が丸くなり、素直になりましたよ」

二人は顔を見合わせて、声高に笑った。

「相棒は、女房」刑事の妻

駐在所へ緊急異動

「昭和四十四年。二十四歳の春に結婚したんです。この人は二十六歳で藤岡署の刑事をしてました。ええ、最初から刑事の妻でした。でも、結婚した翌年、上司に逆らって緊急異動させられちゃってね。長男が生まれるという予定日の十日前でした。

　主人は裸電球みたいな人なんですよ。飾り気はないけど、スイッチを入れると、すぐに、パッと点《つ》くでしょうー、あれですよ。かあっ、と頭に血が上って喧嘩《けんか》しちゃうんですよ。だから、定年退職する日まで心配でしたねぇー、ハハハ」

　六十六歳になった、と言う信江さんは、傍らの萩原秀二《はぎわらしゅうじ》さん（六十八歳）を見やりながら、顔中で笑った。

「上司の刑事《デカ》長に逆らって大喧嘩しちゃったんだから、仕方ねえですけどね。署長が『そんなやる気のねえ刑事《デカ》はすぐに署内異動だ』ってね。ちょうど駐在所に一ヵ所空きがあったもんだから、三日後に、一人だけ、季節はずれの緊急異動でしたよ。下栗須《しもくりす》という駐在でね。最初は警察を辞めっちゃうか、と思ったくらい腹が立ったけど、そこにいた二年間がいろんなことがあって、一番面白かったいねえー」

「そう、いろんなことがあったわねえ、楽しかったわねえ、ハハ……」

二人だけの共通の思い出を、夫妻は、満面の笑《え》みで確認し合っているようだ。

「まあ今だからいい思い出として言えるんでしょうけどね。そりゃあ、初めての引っ越しでしたし、大きなお腹を抱えていながら、『緊急に引っ越ししろ』でしょう、泣きたい心境でしたよ。でも、警察ってこういうところなんだ、とも思ってね。

だけど引っ越してびっくり。とにかくひどい駐在所でした。台所は土間で、風呂場もなくって……。近くの大工さんが『赤ん坊が生まれるちゅうに、これじゃあしょうがなかんべー』って、土間を床にしてくれて、流し台を入れて、下屋《げや》（母屋《おもや》に差しかけて造った小屋根）を出して風呂場にしてくれてね。主人がどこからかもらってきた五右衛門風呂のような丸い風呂を置いて、どうにか家の格好をつけて生活できるようにしてくれたんだけどね。今度はネズミ退治が大変で、ハハ……」

夫妻は顔を見合わせて、高笑いをする。

——ネズミ？

「電気を消して寝ると、待ってましたとばかりに、ネズミが現れて、ガリガリ、ガリガリ。大きいのが、何匹も……。まだ乳臭い子供が、寝ているところを囓《かじ》られでもしたら大変でしょう、眠れませんでしたよ」

「当時駐在所の周辺は桑畑でね、民家は何軒もなかったんですよ。だけど近くに農協があってね。その農協の大きな倉庫が駐在所のすぐ前に建ってたんです。倉庫には米だとか野菜だとかが集荷されてるんですけど、米などが出荷されて空になると、必ず掃除とか消毒をするんですよ。それで、逃げ出したネズミが駐在所に避難してくるというわけですよ。ハハ……」

「ネズミの通り道というか、穴を昼間確認しといてね。ネズミがガリガリやりだしたら、用意しておいたぼろ切れや、新聞紙を丸めたので、主人がパッ、と穴を塞《ふさ》いで逃げられないようにしてから、あたしと主人が挟み撃ち、ハハッ。右往左往するネズミを足で踏んづけて捕まえるんです。多い時は六匹も捕まえましたねぇ、ハハ……。ネズミも可哀相ですが、こっちも、必死でしたから、ね」

萩原夫妻は、二人だけの共通の話題で、大笑いをする。

「あの農協のおかげでいろいろあったいなあー」と秀二さん。

「強盗事件、ね。あんな驚いたことはあとにも先にも、初めてよ」

「しょんべんちびったくれーだもんな、ハハハ」

声を立てて、笑う。

――農協に強盗？

「農協職員四人が二人組の犯人に結わえられるという緊縛《きんばく》強盗でしたよ」秀二さん、刑事の顔になった。

「八月の暑〜い日の深夜二時頃でしたよ。農協とつないである非常ベルが、一回だけ短く鳴ったんですよ。主人を起こして、『鳴ったよ、非常ベルだよ』って言ったら、『また酔っぱらって誰かが鳴らしたんだんべーや、バカ奴らがー。ほっとけ！』と言うんです。だけど、鳴ったんだから行かなくちゃあだめよ。本物だったらどうするの、って。あの農協ルーズでしてね。宿直員はいるけど、宿直中に外出して彼女とデートしていたり、酒を飲んでマージャンしたりで、ねー。酒に酔ってふざけてベルを押したりするんですよ。その日も二回鳴らされて、主人は怒っていたんですねー。でもあたしは、とにかく鳴ったんだから行け、って……。それで主人も嫌々ながら支度をしてね」

「当時はエアコンなんてものはなかったんで、パンツ一丁で寝てたんだけね。女房に言われて『あいつらとっちめてやるベー』と、ズボンだけ穿《は》いて、いちおう木刀だけ持って外に出ようとした時、農協職員が裸足で、息せき切って飛び込んで来たんですよ。『中窓から飛び降りて逃げて来た』って。そして俺の格好を見て『そんなんじゃあだめだ！　強盗は二人で拳銃《けんじゅう》を持ってる！』と、かすれて出ない声で叫ぶんですねー。これは本物だぞ、と思ったので、拳銃を保管庫から出して、タマ込めをして、すっ飛んでいったんですよ」

「あたしは、主人に早く行けって言ったものの、拳銃を持っている二人組と聞いて、びっくり仰天しちゃって、ねー。主人は、生きて帰ってくるか、死んで帰ってくるかわからないが、とにかく本署に通報しなくっちゃー、って、事務所の直通電話で、当直勤務者に通報したんです」

「それがねー」信江さんが、笑いながら続ける。傍らで秀二さん、にやにや笑っている。

「農協に強盗が入って、うちの主人が拳銃持って行ったんですけど――と言ったつもりなんですけど、当直警察官がどう聞き間違ったのか、慌てたあたしがどう言ったかわかりませんが、えらい騒ぎになっちゃったんですよ」

「全県緊急配備になったんです。でもそれが結果的によかったんですけどね」と秀二さん。

『犯罪捜査規範』というものに、「県警本部長または警察署長は、管轄区域内に発生した犯罪について、犯人捕そくのため緊急の必要がある場合においては、この節に定めるところに従つて、緊急配備をしなければならない」とある。

また、「犯人の数、車両利用の状況、凶器の有無その他犯罪の規模および態様を考慮し、配備につくべき区域（中略）等を定めて行う」とある。したがって、この配備においては他県にまたがって行う場合もあるのである。

「駐在所に強盗が入って、拳銃を取られた」ということになったんですねー、ハハ。全県配備の事件ですから、署長さんはじめ刑事さんらがみんな駐在所に集まってきたんです。そしたら署長さんがね。『どうしたんだ、廊下が水浸しで』と言うんです。あたしはトイレでおしっこしたつもりなんですけど、まったく、覚えていないんですよー、ハハッ」

「トイレなんかに行ってる余裕はねえさ。電話しながら、ジャージャーやっちゃったんさ」秀二さんが、冷静に分析する。

——犯人は？

「村内《むらうち》の人間が手引きしましてね。『あの農協はルーズだから入れるよ。金もいっぺえあるから』って、ね。侵入したら、四人が酒飲みながらマージャンしていた。おもちゃの拳銃で脅かして、四人とも縛り上げた。そして事務所の大金庫をバールでこじ開けようとしたが、そんなんで開きっこねー。

そのうち、一人が縄を解いて、中窓から外に飛び降りて、駐在所に駆け込んだ。犯人も気がついて何も取れずに逃走したけど、あまりに早く警察が緊急配備をしたので、これは逃げられないと観念した地元の犯人が警察に自首した。もう一人は、線路伝いに逃げたが、逮捕した男の自供で、その日のうちに東京の山谷で逮捕となって、早期解決ちゅうことです。でもねー、その捜査経過が、なんちゅうか、面白いんですよ」と、秀二さんが解説する。

「自首しようと、犯人の男が警察署に行ったら、あるはずの警察が、そこになかった。警察は新築されて、一キロくらい離れたところに移転していたんです。困っていたら、非常招集された制服の警察官が自転車で通りかかった。それで犯人の男が『警察はどこですかねー』と聞いたら、『今忙しいんだ。それどころじゃあねえよ。駐在に強盗が入ったんだ』と言って、急いで行ってしまった、というんだいねー。

『弱ったいなあー』とその強盗犯人は、民家で聞いて、新しい警察署に自首してきた、ちゅうことです。犯人に警察署の所在を尋ねられた警察官の人定はしないことになったようです。事件が解決したんでね。それよりねー、俺がさ、非常ベルが鳴って行かなかったとしたら、二度と刑事なんかにはなれなかったたいねえ。懲戒もんだいねー、ハハ」

「そうですよ。この人はよくやったって、表彰されましたけどね、ハハ。あたしだって、大変だったんですよ。実家が近かったので母に来てもらって、赤ちゃんを預けてね。農協の人たちと炊き出しをしたんです。捜査員がほとんど集まって、駐在所が現地捜査本部みたいになりましたからねー」

萩原さん夫妻は、四十年前を振り返って、面白そうに話した。

張り込み女房

――刑事に戻ったのは?

「主人は、警察犬訓練士の資格を持ってましてね。駐在になった時も、警察犬のシェパードを飼っていたんです。管内で発生した強盗と窃盗の犯人をこの犬に追跡させて捕まえたりして、検挙成績を上げたということで、刑事に戻されたんです。でも、それからも、いろいろありましてね。この人刑事バカですから、犯人を捕まえるためには、犬でも女房でも、なんでも使いますからね、ハハ。あたしなんか、張り込みまでやらされて、ね」

——張り込み？

「この人は、役所から帰ったあとでも、非番の日でも、自分だけの警邏表を作って、夕食を食べると、徒歩か自転車で出かけて行くんです。一人でね。午後七時から午前二時までの間の時間表を作って、ね。ドロボーの捕まえ方は誰も教えてくれないって……」

「いつ、どこで、誰と会った。散歩中であったとか、勤め帰りであったとか、時間帯によってメモしておくんですよ。事件が起きた時に必ず役に立つんです。女房に張り込みをさせた時はねー、パチンコ店とかスーパーマーケットの駐車場の車が、頻繁に車上狙いに荒らされた事件が起きてたんです。

車上狙いのドロボーは、ほんの一、二分が勝負ですからねー、昼間は、駐在や交番巡査まで動員して、刑事と組み合わせて、何ヵ所も張り込みをしたんです。だけど、捕まらない。非番の日は相棒がいないので、女房を相棒にしたんですよ。『×時から×時までは、お前が見張れ。不審者が現れたらすぐに、俺を起こせ』と時間を決めて、張り込んだんです」

「五日に一度の割合で、三ヵ月くらいやりましたかねー、あたしの実家から軽四輪自動車を借りてきてね。まだ二歳にもならない子供を同乗させて……結局犯人はほかの班が捕まえて、あたしの張り込み捜査は終わったんですけどね。あたしたちで捕まえたかったですねー、口惜しかったですよ、本当に……。あたしも、捜査が好きなのかしらねー、ハハ。でも、ドロボーさんに好かれた時は困ったですけど、ね。ハハ」

ドロボーに、惚れられる

――ドロボーに？

「突然、得体の知れない人を連れてきて『酒を出せ、寿司を取れ、いろんな家庭料理を作れ』って……。『給料前だしそんなお金ないわよ』と言うと、『ツケでもいいから、今日は俺の言うとおりにしろ』って。どんな類《たぐい》の男かわかってはいましたけどねー、安月給で、給料前なんだから、言いたくもなりますよねー。この時は長男と次男が小学校に上がった頃で、何かと、掛かり（金がかかる）はするしねー」

「俺が捕まえたドロボーでYという四十前の男なんだけど、出所してから、またやり出したらしい。それで、パチンコ屋にいたのを見つけて、遊びに来いや、と言ったらその晩に来て、飲んで食って、夜中の二時に帰ったんですよ。

翌日、二日酔いの冴《さ》えない頭で刑事部屋《デカべや》に入ると、当直勤務明けの若い刑事が『また、事務所をやられました』と言うんです。犯行場所は、俺の待機宿舎から奴のアパートへ行く途中だ、と。時間も合っている。俺と飲んだ帰りにやりやがったかな、って……。

ところがYの奴、よっぽど家庭の雰囲気に飢えていたのか、三日にあげず、俺の自宅にやって来るようになったんですよ」

「それもねぇ、この人がいない時も来て上がり込むんですよ。そして主人の帰宅を待って、食べて飲んで、帰りはいつも、夜中……」

「奴は一人で帰りたがるんですけど、必ず、女房に運転させて、俺が同乗して、送って行くようにしたんです。刑事《デカ》の家で酒飲んでその帰り道にドロボーでもされたらたまらないですからね。だけど、女房から大変なことを聞いて、また、びっくりですよ」

　信江さんを見て、笑う。

「昼間も来るようになったんですよ。留守だと、近所の人に『奥さん、どこに行ったんでしょう』と聞く。『PTAで学校に行ったようですよ』と聞くと、校門のところで待っているんです。気持ち悪かったですよ。いい加減にしてよ、って、主人に怒ったですけどね、ハハ」

「あの時は困ったですねー、面倒みすぎたなあって。早く捕まえなくっちゃあって、本気でした。奴も女房に惚れたりして、勘が鈍ったんかねー、油断していたせいで、結局所持品の手袋から足がついてね。

　刑事《デカ》の家に飲みに来て、ドロボー道具の木綿の手袋を持っていたんですからね。その手袋の右手人差し指の先が、焦《こ》げていたんです。奴がトイレに行ってる隙に、スーツの上着のポケットをちょっとのぞいたら、手袋があったんで見たんですよ。物色する際に、マッチ棒を燃やして明かりにするのが、奴の手口でしたからねー。おい、これはなんだや、手袋の先が焦げてるぜ、と言ったんです。そしたら『まあ、そのうちに話しますから、今夜は飲みましょう』だって。翌日白状させて、刑務所に送ってやりましたけどね。今時、ああいう捜査はできませんけどね」

「奥さん今夜はうんと飲ましてくんない。明日、全部話すから、って、ね。捜査を家庭にまで持ち込んで、女房まで相棒にされちゃあねえ、たまんないよねー、ハハ……」

刑事は臍曲《へそま》がりが多い

――刑事の相棒までやって、子育てでは、大変だったでしょう?

「この人の相棒のほうがずっと大変、ハハ。捜査に夢中になると誰とでも衝突するからねー。いつ辞表を出してくるか、退職間際まで心配してましたよ。ドロボーさんの前で、課長さんと大喧嘩したってんだからねー、短気な亭主を持つと苦労しますよ、ハハ……」

「刑事《デカ》なんちゅう者は、単純で臍曲《へそま》がりだからさ。おだてられてほめられりゃあ、寝ずに働くけどね、階級でものを言ったり、道理に合わねえこと言ったら、臍を曲げるぜ。

あの時だって、Yが俺に『条件がある。高校生の息子に知られたくないから、新聞だけは出さないでくれ』と言ったんだ。そしたら課長が、新聞には出さねえからって約束したから、Yは全部しゃべったんだよ。それなのに課長は新聞にでかく出しちゃった。それでYが、『ハギさん汚ねえど。もう信用できねー』って、激怒したんだ。そしたら課長が『ドロボーなんかと約束するわけねえだろう、悪いことをすりゃあ、新聞に出ることになってんだよ』なんて言うから、俺も切れたんさ、ね。『俺も長い間刑事《デカ》やってきたけど、汚ねえ調べはしたくねぇ、課長は一介の刑事をみくびってるんかい。こんな俺だって本部に顔を出せば、捜査一課長や刑事部長までが、声をかけてくれるんだ。いいよ、どっちの言い分が正しいか、明日本部に行って聞いてくべー』って、Yの目の前で啖呵《たんか》を切って、昼日中、家へ帰っちまったんさね」

「その日の夜、課長さんが来てくれたんですよ。そしたらこの人、『課長帰ってくんない。俺はもう課長の下では刑事なんかできねえよ』って、玄関払いしようとしたんですよ。あんた、課長さんになんてこと言うの、と叱って、とにかく上がってください、って。課長さんが『ハギさん、約束破ってすまなかったよ。俺はいつも被疑者を見下していたんだいなぁー、誰だって、家族は大事な宝だもんなー』って。この人も『俺こそ楯突いてすみませんでした』って、頭を下げたんで、無事収まって、仲直りの酒盛り。苦労しました、ハハ……」

――警察官の妻生活を振り返って、今は？

「気は休まらなかったですが、退屈はしなかったですね、ハハ。でも、今が一番穏やかで、いい人生」と信江さんは、微笑んだ。

「相棒にはお世話になりました。おかげさまで、無事刑事を卒業できました」

　刑事生活三十五年。かつて「落としのハギさん」と言われ、「ハギさんに捕まったら観念したほうがいい」などと、刑務所の中でも話題に上った刑事道一筋の男・萩原さん。てかてかとした額と頭の境もなく、艶《つや》のいい童顔をくしゃくしゃにして、笑った。

第三章

峠の事件・事故

基地の駐在

西の「内灘《うちなだ》」東の「妙義《みょうぎ》」

群馬県西端の山岳地帯にあり、避暑地で有名な長野県軽井沢町と海抜八〇〇メートルから一二〇〇メートルの山中で境界を接する碓氷《うすい》郡松井田《まついだ》町（現・安中市）。

町の行く手をさえぎるように聳《そび》え立つ妙義山《みょうぎさん》は、赤城《あかぎ》山《やま》・榛名《はるな》山《さん》と並んで、上毛三山と呼ばれる名山であり、奇岩怪石が多く、日本三大奇勝の一つに数えられている。妙義山は、下仁田《しもにた》町・妙義町（現・富岡市）・松井田町の三町にまたがるが、東側の山群が表妙義で、西側の山群が裏妙義と呼ばれている。

奇岩群を美しく化粧する新緑時や紅葉時に観光客や登山者でにぎわう表妙義と、山仕事の関係者以外は訪れる人もなく、通行する車とてほとんど見られない裏妙義は、まったく別世界のようであった。この裏妙義の麓《ふもと》の入牧《いりまき》という地区に、入山《いりやま》・北野《きたの》牧《まき》・西野《にしの》牧《まき》・恩賀《おんが》・原《はら》・坂本《さかもと》の六つの集落が点在しており、住民は、山裾《やますそ》のわずかな土地を耕すほかは、伐採、集材、営林署が管轄する国有林の下草刈り、そして炭焼きなどで生計を立てていた。

昭和二十八年四月、この純朴な集落一帯が騒然とする大事態が起こった。西の「内灘《うちなだ》」東の「妙義」として、全国民から成り行きを注目されていた「妙義基地反対闘争」である。在日米軍司令部から日本政府に対し、「妙義・浅間両山を含む地域に山岳訓練学校を設置したい」という申し入れがあり、現地調査の結果、「恩賀」の集落一帯が候補地として内定したことに始まるものであった。

内灘とは、金沢市に隣接する石川県河北郡の町。昭和二十七年、日本海を含めて砂丘地帯を米軍試射場に接収されたため、住人と学生たちの行動に端を発して左翼系政党や労働団体なども同町に結集、反対闘争が展開された。その後、昭和三十二年に返還されるに至る。

国の回し者

「昭和二十九年の七月でした。『えれーことになったよ』と主人（中山義男巡査部長）が深刻な顔して帰ってきましてね。『どうしたの？』って聞くと、『松井田（署）の入牧に異動だ』と言うんです。いつも穏やかな主人が顔をこわばらせているので初めての駐在所勤務がショックなのかなあーと思って『駐在もいいんじゃあないの』って言ったら、『今、日本中が注目しているところだぞ！　日本で一番大変な駐在へ行くんだ、お前も覚悟しておけ』って……。

駐在所は入山という集落にあったんですが、恩賀の集落に隣接していたんです。恩賀には二十三世帯が住んでいましたが、昔から血族・姻族《いんぞく》でつながっているいわば恩賀一族なんです。その恩賀一族さえ、十三戸が基地反対を表明して二分されてしまった、というんですよ。もう恩賀集落の問題ではなく、町全体を骨肉の争いにまでした基地反対闘争になっていたんですね。

連日、左翼系の政党団体、労働組合の幹部等一千人を超える運動員が、入牧地区を中心に出入りしてオルグ活動というのをしていたんですねぇー。

『川中島の決戦場のど真ん中に駐在一家が放り込まれるようなもんだ』という主人の説明を聞いて、『これは本当にえらいことだ』と思いましたよ。当時我が家は中学一年生の長女を筆頭に、小学五年生の次女、三年生の三女、そしてまだ五歳の長男との六人家族だったんですから。主人が三十八歳、あたしが三十四歳の時でしたよ」

その頃、戦後しばらくしてからの昭和二十六年より三十年まで、日本共産党を中心とする第一期の「左派騒擾《そうじょう》」が起こっていた。昭和二十六年の共産党第四回全国協議会（四全協）で反米武装闘争の方針を決定し、中国共産党の抗日戦術を模倣した全国の農村地帯への「解放区」の組織化を指示。次いで五全協において「農村部でのゲリラ戦」を方針としたからである。

この主要な手段としたのが「オルグ」で、元来はオルガナイザー（organizer）の略であって「組織者」を意味し、欧米などの個人加盟を原則とする産業別組合において、職種・職業・地域を異にする支部組織や組合員との連絡調整、組織化を専門に行う活動家をさしていた。日本ではより広く、労働組合や階級政党など大衆運動における指導者や組織者とその活動をいう。

オルグは一般に、下部の指導機関が弱体であるなど問題があった場合に、上部機関から直接当該機関に派遣され、運動の指導および指導組織の強化、未組織大衆の組織化、上部機関決定事項の周知徹底などを行う。このオルグのうち、全国規模で活動にあたる者を「全国オルグ」、地域を限定して活動にあたる者を「地方オルグ」とするなど対象ごとに特定の呼称がなされ、後出の「基地反対闘争外部オルグ」では〝恩賀集落周辺の人々を基地反対闘争に従事させるよう組織化するために外部からやって来た指導者〟となる。

――本当に日本一大変な駐在所勤務ですよねぇー。

「入牧駐在所に着任したのは、梅雨《つゆ》がまだ明けない七月上旬の雨の日の夕方でした。のこぎりの刃のような大小の稜線が天に向かって連なっている妙義山が、この日はぞっとするように不気味に見えましたよ。松井田の町に入ると、とたんに町の雰囲気が異様に感じられるんです。娘たちも急に黙り込んでしまうしねぇー。季節はずれの、たった一人の人事異動発令でした。主人の任務は『反対派も条件付き賛成派も、生まれ育った平和で穏やかな土地を愛する善良な住民なんだから、一人として犯罪者にしてはならない。家族ともども本当に大変だろうけど、忍耐と自重に徹して、紛争の鎮静に尽くしてもらいたい』というようなことでした」

――着任した時、町の人たちは？

「昔から穏やかな山間《やまあい》の地域ですからね。駐在は、町長、校長に次いで町の三役として常に大事にされて、着任・離任の際は、区長・消防団長をはじめとする管内の役員らが大勢で迎えたり送ったりしてくれるのが習わしだったようですけど、この日の迎えは一人もいませんでした。近所の人も家に引っ込んで誰も顔を出さないんです。寂しかったですねー。

通りがかりの二人連れの男が、『駐在が来たぜ』『国の回し者がかやー』と、聞こえよがしに言っているんですよ。

引っ越し荷物の紐《ひも》を解きながら主人が、『さあ、これからが忍耐だな』って、独り言のようにつぶやいていた言葉が、今でも頭の中に残ってますよ。

前任の駐在さんも離任の時、村の人は一人も顔を出さなかったそうです」

町長暴行事件

「着任して二日目に、基地反対闘争外部オルグによる町長暴行事件が起きたんです。

逮捕されたのが、町民ではなかったので、ほっとしたのですが、反対派の駐在に対する警戒心はますます高まっていったんです。

夕食時に、入牧小学校五年生に転校して間もない次女がね、『父ちゃん、吉田の犬ってなあに……』とボソッと言い出したんです。

『なぜ、そんなこと聞くの』ってあたしが問い返すと、

『今日、学校の帰りに、〝吉田の犬、中山駐在を町から追い出せ！〟って電信柱にいっぱい紙が貼ってあったよ』と心配そうな表情で言うんです。吉田というのは、当時の吉田茂総理大臣のことですよねえー。

『みんなよく聞きなさい。お前たちは何も心配しなくってもいい。これから学校でもいじわるなことを言われるかもしれないが、我慢しなさい。父ちゃんは町の人がみんな仲良く暮らせるように一生懸命働いてるんだから。いいね』って、主人が四人の子供たちを順に見回しながら言って聞かせたんです。小学三年生の娘までわかった、というようにこっくりしてましたよ、ハハッ」

反対闘争再び激化

町長暴行事件で逮捕者が出たことから、基地反対闘争は再び盛り上がりを見せてきた。連日、「妙義基地反対共同闘争委員会」等によるアジビラが各戸に投げ込まれるようになった。陳情行動、決起大会、座り込み、住民に対するオルグ活動が再び烈しくなった。駐在に対する攻撃もますます露骨になってきたのであった。

——具体的には、どんな形で？

「ある日ね、十数人の若い女性たちの一団が駐在所前で基地反対のシュプレヒコールや労働歌を合唱したりして気勢を上げて引き揚げていったんですが、その際一人が近くで友達と砂遊びをしていた三女に向かって、『あなたの父ちゃんの中山巡査は一番悪い奴《やつ》なんだよ』と、捨てぜりふのように言ったんですよ。

駐在所の中からその一部始終を見ていた主人が『純真な子供たちまで闘争に巻き込み、目的のために手段を選ばず、平穏に暮らしていた住民を骨肉の争いにまで発展させるという闘争委員会のやり方は絶対に許せない』と顔を真っ赤にして怒りましてね。

この日の夕食後、主人は娘たちに真剣な表情で言ったんですよ。

『お前たちに心配かけて悪いな、だけどよく聞きなさいよ。父ちゃんは悪いことは一つもしていない。地区の人たちも悪気があって言ってるわけじゃあないんだ。みんな生まれ育ったこの土地が心配なんだよ。学校でいじわるされたり、今日みたいなこと言われたりして辛いだろうけど、我慢するんだよ。父ちゃんはここに住んでいる人たちのために一生懸命やってるんだからね』って。

あたしは、『何言ってるの、子供たちが父ちゃんのこと悪い人なんて思ってるわけないでしょう。ただ、父ちゃんを心配しているんだよね』と子供たちに言ったんです。三人の娘たちはそろってペコンと頭を下げてうなずき、三歳の四女までも、姉たちの真似をして、ペコンとね。雰囲気で何かわかるんですよね。家族っていいな、大事な宝なんだ、だからこの娘《こ》たちのためにはなんでもがんばれる、と思いましたよ。

主人も嬉しそうに子供たちを見回していました」

解けぬしこり

どこの家の誰に対しても名前を呼び捨てにするほどのなごやかで大家族的雰囲気を持っていた恩賀集落は、政治的・組織的そしてイデオロギー闘争に利用され、巻き込まれていき、静かな環境と心の平穏をもかき乱されていったのであった。条件付き賛成派と反対派は表立った争いは避けていたが、入牧地区のみならず、町全体がぎくしゃくとした雰囲気に包まれていった。

——たとえばどんなことが？


「『賛成派の○○は、調達庁に土地をいくらで売った』

『○○は手付け金をいくら取った』

『条件付き賛成派には、水道が引かれるようだ？』

などの流言も飛び交うようになったんです。だから両派のしこりは固くなるばかりでしたね。

主人は、『みんなの心を元に戻したい。わだかまりを解かしてやりたい』って、毎日各戸訪問や各種団体の折衝などで駆けずり回っていましたねえー。だけど、反対派の家はどこも『駐在お断り』と会ってくれなかったようでした。お互いが警戒していたんでしょうねえー、住民がもっとも楽しみにしていた四月の甘酒祭りや、集落中の人が集まる入牧小学校の大運動会さえも両派に分かれて行われるという異常事態でしたから……。

一、二ヵ月に一度の割合で行われていた巡回映画も行われなくなってねー、子供たちの楽しみまで大人が奪ってしまったんです。

どっちが悪いとか言えませんけど、罪は重いですよねー」

ここで「調達庁」とは、現在の防衛省の一局で同省の発足まで防衛施設庁と呼ばれたものの前身である。始まりは昭和二十二年、ＧＨＱ（連合国軍最高司令官総司令部＝進駐軍）が必要とする施設（土地・建物）・物資・役務の調達・管理を任務として発足した。次いで二十七年に「調達庁」と改称され、昭和二十九年に防衛庁が設置されるとともに、その附属機関（外局）として主に在日米軍や自衛隊が使用する施設の取得・工事・管理・周辺対策などを所管するものとなり、防衛施設庁となって現在に至る。

「巡回映画」はテレビが普及するまで公民館や小・中学校、あるいは夜間の集落の広場などで上映された。もともとは占領下の昭和二十二年からＧＨＱの民間情報教育局が貸与する千三百台の一六ミリトーキー映写機による教育映画の各地域での巡回に始まったが、映画館のない農山村部などでの長編劇映画への要望が強まり、映画製作各社もこのために一般上映用の三五ミリフィルム版とは別に一六ミリ版をプリントしてそれにあて、娯楽の少ないところでは大人も楽しみにしていた。その後昭和三十年代半ば頃、テレビが各家庭に入るとともに巡回映画は一部を除き行われなくなった。

――駐在所への出入りはどうでしたか？

「誰も来ませんよ。あたしたち家族が一番悲しかったことですけどね。駐在のある入山集落も二分されていましたからね、駐在所に出入りする者は見張られているんですよ。賛成派のレッテルを張られるのが怖くて誰も来ないんです。

でもね、両隣の奥さんがねー、夜遅く戸をトントンと叩いて、取り立てのキュウリやナスを置いていってくれるんです。嬉しかったですねー、涙が出ました。どっちの派も、心の中ではみんな仲良くやっていきたいんだとつくづく思いました。純朴な住民の心をかき回して自分たちの目的を達するために住民同士を争わせるなんて、許せませんよ。今でも腹が立ちます」

――子供たちも辛かったでしょうね？

「えー、本当に可哀相でした。意地悪されたのはうちの娘《こ》たちだけではないんです。子供たちまで賛成派と反対派に分かれてしまったんですよ。先生や大人たちの気がつかないところでいがみ合ったり、いじめがあったり。

『おめーの父ちゃんは悪い奴なんだ』

『おめーの父ちゃんこそ悪い組合と手を組んでるんだんべー』

とか言い合って、喧嘩《けんか》になることもしょっちゅうだったようです。子供たちが暗い表情で学校から帰ってきた時、『何かあったの？』と聞くと『う〜ん、なんでもないよ』って……。あたしたちに心配をかけないように、無理に笑顔を作るんですねー。不憫《ふびん》でね、子供たちにわからないように泣いていました。

あとになって子供たちが、『あの時は辛かったよね。あたしなんか吉田の犬の子供だから吉田の仔《こ》犬《いぬ》だーなんて言われてたのよ』『ほれ仔犬ぅーお手っ、なんて馬鹿にされてね』とか、笑いながら言ってましたけど、父親が警察官というだけで子供たちにまで嫌な思いをさせているんだな、と」

基地反対闘争に終止符

基地反対闘争が始まって二年。中山巡査部長が入牧駐在に赴任して八ヵ月たった昭和三十年三月一日、根強い反対闘争のためか突然、米軍の山岳訓練学校の設置取りやめが発表された。妙義基地反対闘争に終止符が打たれたのであった。

一千人を超す外部の組織・団体・オルグ員等は、潮が引くように引き揚げた。松井田町入牧地区は、水を打ったように静まり返り、四季の変化美しい桃源郷は取り戻された。だが、住民の心の中のさざ波はいっこうに収まらなかった。

——住民間の感情的しこりは？

「『賛成派はもらうものだけもらって、訓練学校設置が取りやめになっても金を返さない。先祖代々の土地を命がけで守った反対派にはなんの恩恵もない』という流言が飛び交ってね、人々の心の中に残されたしこりや、わだかまりは、いっこうに消えないんですよね。

住民たちをさんざ翻弄《ほんろう》して一番大事な地域の絆《きずな》までも断ち切って設置を決めておきながら、突然、中止だと一方的に終止符を打つんだからね。政府も行政もなんの説明もしないうちね。主人はどうしても、住民の心を元に戻さなければって悩んでいました。これからが駐在の本当の仕事だ、ってね。妻のあたしにとっても、主人を支える大事な時でしたねー」

娘が帰ってこない⁉

「ある晩、入山集落に住む反対派の男が一人、血相を変えて駐在に飛び込んできましてね。『娘の加代子が夜になっても学校から帰ってきねえ、あたりを探したけど見当たらねえんだ。何か事故にあったんだんべえーか。それともあれかー、賛成派の誰かがどっかへ連れてっていじめてやがるんじゃああんめぇかー』って。

主人は『バカなことを言うんじゃねえよ。でも、夜も更《ふ》けてきたからなあー。みんなで探しに行こう。いつも遊んでいるところで心当たりの場所を手分けして探そう』って、入山集落の全戸に声をかけて回ったんです。

『入山の子供がいなくなったんだ、入山の皆で探すのは当たり前だんべー』と主人は皆を駆り出したんです。

『遊んでて道に迷ったわけじゃあねえかい、明るくなったら出てくらあー』などと言いながらも、しぶしぶ探しに出る賛成派の者もいましたかねー。

とにかく、あたり一面が真っ暗闇《くらやみ》で、川もあり、池もあり、洞穴もある。崖っぷちも、神社の森も、ある。住民たちは、女の子の行きそうな場所を大声で名前を呼びながら探し回ったんです。

三月中旬とはいえ、妙義山の冷え込みは厳しいですからねえ。あたしは主人にくっついて行ったんですけど、いろんなところに詳しい先導役の男が『この先の峠の差しかかり口に、わしらが子供の頃によく遊びに行った古い祠《ほこら》があるんだよ。今の子供たちは遊びに行ってるかどうかはわからんがね』と指をさしたので、『とにかく行ってんベー』ということになったんです。

七、八分歩くと確かに小さな祠があったので、主人が『おーい、加代ちゃーん、いるかあー』と呼んだらね、『お父ちゃーん、寒いよう』って、女の子の泣き声が返ってきたんですよ。祠の扉を開いて光を照らすと女の子が泣きじゃくっている。『駐在のおじちゃんだけど、加代ちゃんかあー』と聞くと『うん』と答えたんです。

『見つかったぞー』という大声が深夜の山地にこだまし、次々と伝わり、入山集落の大人たちが全員『よかった!』『よかった!』と集まってきましたね。

この時は賛成派も反対派もなかったですよ。この一件で〝入山集落は一つに戻れるかな〟とふと思いましたね。だけど、父親が『どうしてだ、なんで学校に行かなかったんだ』とか言って娘を責めるんで、主人が『まあ待ちない、ここは駐在に任せてくんない』と言って『加代ちゃんがケガもしねえで無事だったからよかったよ。みんな喜んでるんだよ、でもなんで家に帰らなかったか、教えてくれるかな?』と優しく聞くと、泣きやんでいた加代ちゃんがね『学校でいじめられた。おめえの父ちゃんは悪い奴だ。国に逆らう悪人だと言って顔をぶたれた』とポツンと言ったんです。

そしたら、また大変。『誰にいじめられた』『だから賛成派は汚ねえ』とかね。加代ちゃんの父親と反対派の数人が怒り出しましてね。

『これから、その子の家へ行って、ぶっちめて(こらしめて)やるベー』という騒ぎになったんです。

せっかく、子供が無事に見つかったのにですよ。大人たちはちっとも冷静になれないんですねー。

大人たちの家庭内の話題はみな、あの家のもんはこうだとか、ああだとかばっかり。それを聞かされてる子供たちが学校でも同じようなことを言い合う。子供の世界は単刀直入だから残酷なんですよねー」

中山巡査部長、巡回連絡に徹す

「子供たちまで巻き込まれた住民闘争に主人の腹は決まったんです。

『忍耐と自重に徹せよ』という着任にあたっての署長指示なんてどこかに吹っ飛んでしまったようでした。『相手のふところに飛び込んでいかなければ、いつになっても理解は生まれない』と言ってねー。それで主人はこんなふうに言って回ったんです。

『あんたたち、この子らの話を聞いたか。反対・賛成いろいろ意見はあったろうけど、子供たちの前でも平気で相手の悪口を言ったり、中傷ビラを貼ったりするなどのいがみ合いをいつまで続ける気だい。

いじめられた子もいじめた子も被害者で、加害者は大人たち全員だ。子供たちのいじめは深刻だぞ。明日はどこの子が家出するかわからんぞ。子を持つ親としてそれでいいのかい。俺だって四人の子供がいるんだ、警察官として言ってるんじゃあねえんだよ。

子供たちのためにも、この町の将来のためにも大人たちが冷静に考えようと言ってるんだよ。わかってくれないか。子供の心を傷つけたり曲げたりしたらその責任は誰が取るんだ。

取れっこあんめー。何か意見があったら言ってみろい。オルグの連中なんかにいいようにかき回されてよー、あとでこの集落に何が残ったい。

いがみ合ってる場合じゃあねえんだよ。俺は中立を守ってきたが、子供たちまでが傷つけ合うようになったら黙ってはいられねえんだ。わかってもらえるまで毎日、入牧地区を巡回するから承知してくんない』ってね。

巡回連絡や集会場所に行っては、繰り返し叫んでましたよ。人が変わったようにねー」

——巡回連絡は毎日ですか？

「ええ、管内の六つの集落の約七百世帯を端から端、毎日午前九時頃から始めていました。でも今度の巡回連絡は着任したての頃とは違うんですねー。

『かんくさんも精が出るねぇ、おれんちとの付き合い始めなんだから、口だけでもつけてくんない』などと、朝から湯飲み茶碗で酒を出してくれる家が多くなってねー。

山間部の駐在勤務をするとこういう風習が多いようなんですけどね。一軒で三、四杯も飲まされると四、五軒回った頃には酔いつぶれてしまう騒ぎでね。主人は酒はあまり強くないので辛かったようですよ。『あ～今日も酒を飲まされるんか』って。必死ですよね。酒にうんと強いか、まったくの下戸《げこ》でなくては駐在は勤まらないと言われた時代でしたから。ハッハッ」

昼頃になると「焼き餅が焼けたから食っていきない」と出される。食わないわけにはいかない。酒を酌《く》み交わし、焼き餅をほおばりながら「とにかく仲良くやってくれ。事件を起こしてはならないし、巻き込まれるな」と説いて回った。駐在に対する住民の心は加代ちゃん事件以後、確実に変化していったのであった。

――駐在所の出入りはどのように？

「『駐在は国の回し者なんかじゃあねえー、村のために一生懸命やってくれている。子供たちのことを第一に考えて村の男衆を怒鳴りつけたかんくさんなんか初めてだいのー』という好意的な発言が増えてきましてね。

隣近所の人たちも『毎日ご苦労さんだいねー』と言って、遊びに来てくれるようになりましてね。

子供たちも近所の子らと毎日仲良く遊ぶようになりました。地域との絆がなければ、駐在の仕事なんかできませんよ」

――住民感情は元に戻ったんですか？

「ええ、山岳訓練学校設置が中止になってから、住民同士のトラブル防止、苦情処理等を含め主人の巡回連絡は約九ヵ月続きました。町長にも住民の要望を次々と働きかけましてね。

その結果、両派の間で一番の問題になっていた簡易水道が全戸に引き込まれることになり、道路も拡張され、橋梁《きょうりょう》もすべて改修されたんです。こうなれば、対立要因はまったくありませんし、もともと皆の心の中は、何かのきっかけで元どおりの集落に、ということでしたから文句はありません。

昭和三十年十二月二日という日は、今でもはっきりとあたしの記憶に残っています。条件付き賛成派と反対派の二ヵ年にわたる対立やわだかまりが解消し、両派の代表が握手して、町が一つになった日です。床の中で小鳥の声を聞きながら朝を迎えるという元の平穏な山里の姿に立ち返った日ですから……」

東京の調達庁から封書が届く

――東京の調達庁から中山駐在に封書がですか？

「えー、これです。お役所らしい手紙ですけど読んでください」

《妙義山山岳訓練学校のことに終止符を打ってから、既に十か月に及ぶ間、恩賀集落の方々がとかく友好関係を欠き、日々の生業にも面白からざる反目が続けられていたことは、その原因、その現実を悲しく思っていた次第で……、しかるところ、貴殿におかれてはこのことに重大関心を重ねられた結果、昔ながらの平和郷恩賀集落が息吹き、新しく道路問題を根幹として誕生せられた由……。由来、山村の平和は人の和と大いなる自然に抱擁されてはぐくまれるべきもので……今日一つの問題を契機として新しい恩賀集落が集落全員の和によって立ち直り得たことは……貴殿のご熱情とその努力によるものと心から敬意を表し……云々》

という内容が丁寧に綿々と書かれてあった。

「主人はこの手紙を読みながら、泣いていましたよ。何を思って胸がじーんときたのかわかりませんがね、悔し涙かもしれませんね。封書一通でなんだというねー。でも、これでやっと住民の平穏な生活が戻ったという思いや、現職警察官としての達成感はあったと思うんですよ。

『母ちゃんもご苦労だったいなあ、子供たちを守ってよくやってくれたよ。地域の女衆をまとめてくれたのがよかったのかなあ、男は女衆の言うことをよく聞くからな』と最後になってほめてくれましたねー。ハッハ……。

駐在勤務は住んでる家族も大変なんですよ。主人はほとんど一日中管内を回っているでしょう。駐在にくる相談、要望・苦情・抗議・被害の届出などはあたしが受理したり、相談に乗ったり、苦情や要望を聞いてやったり、ということが思いのほか多いんですよ。嫁・姑の問題や育児の問題とか、サルが子供の通学路に出てきて危険だ、とか、山菜採りや魚釣りの車が停まっていて通行に困るとか、畑の野菜が盗られたとか、なんでもあります。

まあ、表面的にはそんなことですけど、お茶飲んで世間話をしていくのが常ですけどね。たいした用事もないのに駐在に顔を出すという地域のたまり場というか、コミュニケーションの場となれば、地域に密着した警察活動としてうまくいっている、ということですから……。

それが、入牧駐在では最初の六ヵ月ぐらいは誰も寄りつかなかったし、話もしてくれなかったんですからね。駐在家族だけが孤立していたんです。

調達庁は主人に感謝の手紙をくれましたけど、あたしはおかしいと思ってました。静かで平穏な生活環境をかき壊されて、心までかき乱されて、なんの説明もないままさっと引き揚げるというお上のやり方は、気に入りません。

すべての住民の人たちに中止になったいきさつの説明とお詫びをきちんと申し上げるべきでしょう。うちの主人だけに封書一本で感謝の言葉を伝えられたからって、なんの意味もありませんし、嬉しくありませんでしたよ」

離任

昭和三十一年三月、中山巡査部長は大任を果たして、本署勤務への異動となった。「駐在は本当によくやってくれた。おかげで、道路もできたし、水道も引かれた、村から逮捕者が一人も出なかったのは、かんくさんのおかげだ。中山さんは村の恩人だ」賛成派も反対派も、もうなかった。町長、消防団長ら管内の役員等四十名余りが集まって盛大な送別会が催された。

以前、娘が家出して大騒ぎとなった時の反対派の父親が、言った。「あの晩、かんくさんが村のこと、子供たちのことなどを心配して想ってくれたから、村が元のように一つになっていったんだ。あんたは一生の恩人だ。中山駐在と家族にバンザイするべー」

中山の身体は何回も、何回も宙に舞った。彼は宙に浮いた手であふれ落ちる涙を拭《ぬぐ》った。心の底から湧き出る涙であった。

――離任の状況は？

「着任の時は敵陣の真っ只中に乗り込むような心境でしたが、離任の時はそれはもうにぎやかで、にぎやかでねー。入牧中の集落が皆集まったようでしたよ。消防団がすべて引っ越しの段取りをしてくれて、トラックで送ってくれました。駐在所勤務は入牧駐在所の一年七ヵ月だけでしたが、警察官の妻ということをもっとも自覚させられた期間でした。娘たちもそうだと思います。警察官の子供としての自覚をねえー」

現在の中山夫妻の住居の南に面した十畳の居間の鴨居《かもい》には、まさに日本一大変な駐在所の妻への本部長感謝状が掲げられてあった。

《感謝状　中山とく殿

あなたは駐在所勤務員の妻として内助の功を立派に果たし、警察運営に寄与しました。その功労を讃え記念品を添えて表します》

平成六年三月、入牧駐在所は管内人口の過疎化に伴って廃止となり、松井田町は同十八年の三月、隣接する安中市と合併したが、裏妙義の山裾一帯に点在する穏やかな集落風景は、一見昔のままである。

義男さんは、九十七歳。とくさんは昨年逝去（享年九十四歳）。

十石街道・中里の駐在

悪名（？）高い駐在所

長野県境に接する群馬県の南西端にある上野村《うえの》。十石峠《じっこくとうげ》（標高一三五六メートル）から中里村《なかざと》、万場町《まんばまち》（ともに現・神流町《かんな》）など江戸時代には幕府直轄地の「山中領《さんちゅう》」と称された町村を通り、鬼石町《おにし》（現・藤岡市）、藤岡市を経て中山道新町宿《なかせんどうしんまちじゅく》に至る街道を「十石街道」と呼ぶ。

その基となる十石峠の名のいわれは、信州（長野県）南佐久地方から上信国境のこの峠を越えて、一日十石の割合で佐久米が荷駄により通っていたことに由来する。

十石街道のうち、神流川《かんながわ》沿いを東西に通っている管内の街道のことを「川長十三里《かわたけ》」と呼んでいたが、この街道には、中心部に群馬県警藤岡警察署万場幹部派出所があり、その管下に、楢原《ならはら》、新羽《にっぱ》、中里、保美濃山《ほみのやま》の四つの駐在所があった（現在は上野・中里・神流町の三駐在）。

この十石街道の四駐在は、群馬県下でもっとも交通環境の悪い山間僻地《へきち》にあるため、警察内部では最大限に悪名（？）高い駐在所となっていた。

「警察官の女房になってから今年主人が定年退職するまで、大半は駐在所暮らしでした。夫婦して駐在所が性に合っていたんでしょうか。

なかでもこの地が、駐在所勤務で一番好きになったんですね。それからは退職するまで駐在所勤務を続けていました」

警察官最終の勤務地である筑縄《つくなわ》駐在所（高崎警察署所属）での十一年間ののち、その管内に終《つい》の棲《すみ》家《か》として建てた新居の日当たりのいい居間で、富沢徹《とみさわとおる》さん（六十八歳）・左千江さん（六十五歳）夫妻は時々明るい笑い声を立てながら、思い出を語った。

――最初の駐在所は、どちらですか？

「それがね、今だから笑って言えますけど、それはそれは大変でした。昭和四十七年の春に、主人が二十七歳であたしが二十四歳で結婚したんですけど、その年の夏、季節はずれのまったく思いもしない駐在所への異動発令でした。

聞くところによると、ある捜査事故がありましてね。それがために刑事が一人欠員となり、急遽署内異動で補充することになったんだそうです。それで捜査経験のある中里村の駐在を刑事に異動発令し、その後がまということで交番勤務だった主人を中里駐在所勤務に、ということになったんです。

独り者は駐在に出せなかったですからね。夫婦して青くなっちゃいましてね。万場幹部派出所の管内は、警察官の誰もがもっとも行きたがらない山村僻地で通ってましたからねぇー。

発令のあった日の夜、主人が言ったんですよ。『警察学校の授業でさあ、〝しっかりやらないと万場にやるぞ！〟って教官も言うところなんだぜ。あそこだけは行きたくねぇなあー、お前に悪いなー』ってね。

中里村は、万場町よりさらに奥に一〇キロも入った山里ですからね。あの時は本当に泣きたくなりましたよ。でも主人が可哀相だから、平気、平気って、強がり言ってましたけどね、ハハ……」

一人で過ごした結婚早々

――駐在所の新婚生活はどうでした？

「何もかも驚くことばっかり。着任日は暑い最中《さなか》の八月四日でした。藤岡市内の運送業者に引っ越し荷物の運送を頼んでね。行き先は中里駐在と言ったら、運転手さんが『えっ、中里ですか？』って、顔色を変えたんですよ。

曲がりくねってすれ違いのできない道幅三～五メートルぐらいの狭い道路が、ほとんど。南側の神流川沿いは三〇～五〇メートルもの崖で、ガードレールも付いてないんです。トラックなど大型車がカーブを曲がる際には、後輪の片方が宙に浮いている状態なんだそうですよ。

もう怖くて生きた心地がしなかったですねぇー。あたしは運転免許証を持っていましたが、中里にいた間は怖いので、まったく運転しませんでした。

駐在所のすぐ前は神流川で、南と北は急峻な山が聳《そび》え立っていました。だから冬の日照時間は三時間くらいです。日の出が午前十時頃で日の入りが午後一時頃でしたねぇー。

もちろん、スーパーマーケットもコンビニもありません。雑貨屋が一軒あるだけ。必要な買い物は主人が本署での招集日の帰りにリュックサックでまとめ買いしてくるんです。

軽四自動車を持っていましたが、主人にも運転はさせなかったんですよ。何もかも不安で心細い駐在所生活でしたが、村に一軒だけあった三国屋旅館と今井屋食堂、そして営林署の公舎の人やご近所の人たちに親切にしてもらったおかげでどうにか生活ができました」

――辛いことも多かったでしょう？

「特に、赴任した年の冬は大変でした。あんな経験はあとにも先にもあの時だけですよ、ハッハ……。でも、今は笑って話せますけど、あの時は毎晩泣いていましたよ、一人でねぇ」

――一人で？

「ええ、一人です。駐在勤務になったばかりなのに、十一月初旬から一ヵ月半、主人が刑事講習にやらされまして……。前橋市の警察学校に入校したんですよ。刑事の見習いですね。だから、文字どおり西も東もわからないあたしが駐在所に一人だけ――。署長さんは、入校期間中は駐在を留守にしてもいいからと言ってくれたんですが、そうもいかないんですよ。万場の派出所長さんが心配して、毎日のように見回りに来てくれましたけど、夜は怖くて服を着たままで、枕元に警棒を置いて寝てました。ハッハ……。

一度だけでしたけど、夜酒に酔った男が何やら大声を出して、戸を叩いたことがあったんですよ。あの時は、怖くて怖くて……、戸を開けないで玄関の内側から対応してやっと帰ってもらったんです。

そんなことがあったんで、署長さんの許可をもらって、十二月初旬に一週間ほど高崎市の実家に帰らせていただいたんですけどね。そしたら、大変！　寒さで水道管が破裂。下水道管にもひびが入ったということで、急いで駐在所に帰ったんです。誰かいなければ修繕の工事ができないということでしたのでね。

お風呂は、五右衛門風呂というのでした。杉の皮に火をつけて燃やして、杉の皮を細かく切ったのをくべて、沸かすんです。熱さを計算して薪《まき》を取り出さないと熱湯になってしまうんですよ。それこそ釜ゆでになってしまいますからねぇー、ハッハ。

冬は、ストーブの上のやかんに残った水も凍ってしまうのでね。朝の仕事は凍ったやかんの水を溶かすことから始まるんですよ。だけど、水道管が破裂したんで、風呂にも入れないし、ご飯も炊けない。ご近所でもらい湯をして、食事は今井屋食堂から出前をしてもらってね。一人で辛かったけど、この間みんなに面倒をみてもらったりして、村の衆に溶け込んでいきました。

もらい湯に呼ばれていくと、『まあ、ご飯食っていきない』って……。集落中が一つの家族なんですよ。嬉しかったですねぇー」

勤務日誌を書くのに苦労する長閑《のどか》な日々

――事件・事故は？

「事件は、ほとんどありませんでした。栽培しているコンニャクやナメコが盗まれたことが二度ありましたっけねぇー。その代わりに、交通事故や変死は多かったですよ。それも神流川への転落死がほとんど——。

埼玉県から国道二九九号を通ってラリーを楽しむ若者がガードレールのないカーブを曲がりきれずに転落死したり、材木運びのトラックもよく転落しました。よほど慣れていても事故は絶えなかったんです。

酒を飲むことしか娯楽のないところですから、酔った男の人が自転車のまんま落ちたこともありましたねえ。三〇メートル以上の崖ですから、落ちたらたいていが即死ですよ。上野村で事故があり、万場の所長さん以下管内の駐在がみんな行って事故処理です。

一番大変なのが、落ちた車を引き揚げる作業です。上野村に主人が行っている間に、中里の管内でまた別の車が転落して、営林署に電話をしてやっと主人に連絡が取れて来てもらったということもありました。

山間部の駐在は妻も駐在巡査と同じです。夫婦共同体でなければやっていけないんですよ」

川長十三里のこの街道には、塔婆《とうば》（供養塔）が何千本も、数えきれないほど立っていた。一周忌、三回忌等増えるばかりで、「まるで塔婆街道のようであった」と言われる。

「主人は事件・事故も何もない日の勤務日誌を書くのに苦労していましたねぇ。何もない日は診療所の先生と一日中将棋をさしていたりね。

警察業務のなかに『注意報告』というのがあるんですよ。刑事、警備、防犯、交通とかの業務に関する情報や住民からの苦情や要望等を注意報告書に書いて報告するんですけどね、何も書くことがない日が多いんですよねぇー。

主人は仕方なく、鮎の成長記録ということで、稚魚《ちぎょ》がどのくらい（何センチ）に育ったか、とか、タラの芽、山ウド、ナメコ、ワラビ等の山菜採りに来村する人の状況とかの注意報告を書いてましたねぇー。

長閑《のどか》だったんですねぇー。署長さんが鮎釣りが大好きな人でしたから鮎の成長を楽しみにしてましてね。解禁になるとよく友釣りに来てましたよ。鮎の解禁日には、主人も交通整理です。事故が起きたら大変ですから……。

あたしは近所の女衆に誘われて、タロッペ（タラの芽）採りに行きましたが、一度でこりごりです。一山も二山も歩かされて、あとについて行くだけで精一杯。一つも採れずに帰ってきました。

でも、村の衆との絆はどんどん深まっていくんですね、特に若い嫁さんたちと仲良くなりましたねぇ。嫁・姑の問題だとか、夫婦喧嘩の話とか相談されたりね。悩みがあっても、集落中が親戚、縁者でつながっている人が多いので、うっかり相談もできない。だから駐在のあたしに相談しに来るんです。

ある晩、夫と別れたいと離婚話を打ち明けた、あたしより三つ、四つ年上の女性の話を徹夜で聞いてあげてね。励ましてやったら『二人でがんばる』って……。仲直りにボーリングでもしようって、藤岡市に行って遊んだそうです。この夫婦とは今でも仲良くお付き合いしています」

――特に印象に残っていることは？

「辛かったことも、楽しかったこともごっちゃまぜですねぇー、でも、今になって思い出されるのは楽しかったことのほうが多いんですよ。

でも、集落内での葬式は辛かったですねぇー、葬式はみな土葬でしたから、主人も穴掘りのお手伝いに出るんです。深さ二メートル、長さ三メートルぐらいの穴をね、十～十二人の男衆が穴掘りをするんですが、穴を掘っていた人が心臓麻痺で急死したということがあったんですよ。

続けて二人の葬式が出ましてねぇー、あたしは近所の女衆と一緒に昼夜三日間炊き出しや煮物づくり等で……。悲しかったですよ。

男衆は一日中酒を飲んでるんです。葬式は所変わればやり方もみんな変わるんですよねぇー。一つのお祭りでもあるんですから……。村の人たちは何かというと寄り合いといって集まるのが習わしなんです。それが楽しみなんですね。

山中領だった中里村は狩猟で生計を立てている人も多かったんですが、駐在は猟友会の会合や宴席にも必ず呼ばれるんです。主人はこの宴席が苦手でしてねぇー、ハッハ……」

――なぜですか？

「熊、ウサギ、タヌキの料理が出るんだそうです。会長さんが『今年のタヌキはうめえのおー』って料理を勧めるんですが、タヌキの髑髏《しゃれこうべ》が村長さんの皿の上に歯の付いたまま載っている。それをチューチュー吸っているんですって。

臭《くさ》くてどうしても食べられないので逃げ回っていたら、『じゃー、汁だけ飲みない、うめえぞ』って……、この汁がさらに臭い。糞尿《ふんにょう》のにおいがするんだそうです。真っ青な顔をして帰ってきたんですよ、ハッハ。

それ以来、主人はどうも腐ったにおいがだめでしてねぇー、変死体現場は仕事だから行きますけど、その日はうどんかそばぐらいしか食べませんでしたよ、ハッハ」

――その後の警察官生活は？

「中里村には一年八ヵ月勤務してまして、赴任したときは辛くて泣いて、離任するときは別れが悲しくて泣きました。みんないい人たちでしたから。

署内異動で、主人は刑事になったんですが、どうも肌に合わなかったというか、駐在が性に合ったんでしょうかねぇー。中里駐在の経験でわかったようなんです。あたしも性に合っていたんで駐在を希望したら、その後の警察官生活は全部駐在です。

最初に厳しい環境の中で体験しましたから、あとはどこへ行っても楽なもんでした。主人は着任すると、『五年は駐在に置いてくださいい、地域と密着して生活安全に貢献したいから』とお願いするんですよ。新しい駐在所に、前にいた駐在所管内の人たちが訪ねてきてくれるのが、何よりも嬉しかったですねぇー。結婚した二十四歳の時から主人が退職するまで、約三十年。悔いのない警察官の妻人生でした」

平成十五年四月一日。中里村は万場町と合併して「神流町」となった（現・人口約二千四百人）。少子高齢化で人口は年々減少し、高齢者比率は県下で二番目に高い。だが合併後の町は、関東一の清流・神流川や多野山地の代表的な山である御荷鉾山《みかぼやま》（標高一二八六メートル）登山など美しい自然を求めて訪れる人たちや旧中里村の恐竜センターでの化石の発掘体験、神流川にかかる鯉のぼり祭り（五月）などの観光客で、にぎわいを見せている。

十石街道・楢原の駐在

どん詰まりの集落

群馬県の南西端にある上野村の楢原駐在所は、十石街道どん詰まりの集落を管轄していた。管内には、楢原、坂下、三つ又《みつまた》、黒川、本谷《ほんたに》、乙父《おっち》の六つの集落があり、約三百戸、千二百人あまりの人が暮らしていた。乙父と楢原が、上野村の中心となっている集落で、北の谷間に黒川、西の谷間に本谷の集落があった。

昭和六十年の八月十二日。日航ジャンボ旅客機１２３便が、この本谷地内の長野県境に近い御巣鷹《おすたか》山《やま》の尾根に墜落し、乗員乗客五百二十人が死亡したのであった。

高橋良作巡査（当時三十四歳）は昭和二十九年四月、妻・のぶ（当時二十四歳）と六歳と四歳の娘二人を伴って、県下でもっとも山奥の駐在と言われた藤岡警察署楢原巡査駐在所に着任した。

――新婚早々から、大変なところに？

「ええ、着任の日から震えていましたよ。話には聞いていましたけどね。まさかねぇ、県下で一番山奥の駐在とはねえー。藤岡市から神流川沿いの街道に入ってから、ガードレールもない狭い道を五〇キロあまり。トラックで約二時間でしょう……。十石街道を抜ければ、長野県へ行けると言われていましたが、当時は獣道以外抜ける道はなかったんですから、本当に、どん詰まりの集落だったんですよ。

当時、街道筋に六つの駐在所があったんですが、楢原はその最奥地です。藤岡署に異動が発令されると、誰もが、といっても巡査で既婚者ですけど、街道の駐在にやられるのではないかと、ビクビクしていましたね。特に、楢原と新羽だけは嫌だ、とねー。でも、命令ですから、嫌だと言えませんでしょう。署内異動を発令する署長さんも、この人事が一番頭の痛い問題だったようなんです。だから、任期は一年か二年と期限付きです。任期明けの駐在があると、新しい転入者や結婚したての者が、優先的(?)に配属されるんですねぇ。

それで、駐在所を希望して転入して来たあたしたちが、『楢原』ということに……ね」

重点引き継ぎ、二件

――十石峠も、管内ですか?

「えー、管内は一人では回りきれないほど広いんですよ。それで当時は駐在所が二ヵ所あったんですね。前任者から重点引き継ぎ事項が二つありましてね。

その一つが、十石峠と本谷の集落には、気候のいい時期に巡回すること、というんです。つまり十石峠の頂上にも、三世帯七人が住んでいる。そして本谷の集落には、十世帯四十人ほどが住んでいる、ということなんです。冬になると行けないから早く行け、ということなんですねー。楢原の駐在所から十石峠頂上まで、約一七キロ。黒川という集落まで自転車で約一時間。そこから山道が一二、三キ口も続く。このうち約七キロは急峻な獣道で、一歩方向を間違えれば二度と戻れないような深い山々が連なっている、というんです。

本谷という集落は、日航機が墜落した御巣鷹山の尾根の山の登り口にあったんです。今は、集落も分校もありませんけどね。本谷に行くにも、三つ又という山裾の集落まで自転車で約一時間。ここからは道がないので、材木を運び出すトロッコの軌道の上を、約一〇キロ三時間ほど歩くんです。

主人は、峠や本谷に行く時には、必ず拳銃を着装していましたねぇー。熊が出ると言うんでね」

――もう一つの引き継ぎ事項は？

「引き継ぎ書には、素行不良者・藤本勝吉（通称ナラカツ）二十五歳、と書いてありました。管内の治安という問題点では、このナラカツさん対策だけだというんですね」

この勝吉という若い男。手のつけられない乱暴者で、酒、喧嘩、博打《ばくち》と荒《すさ》んだ日々。背丈は約一八〇センチ、筋骨隆々とした大男でめっぽう腕っ節が強く、瞬間湯沸かし器のごとく、すぐにかっと頭に血が上る性質《たち》で、相手構わずぶん殴り、投げ飛ばすものだから、村人たちは皆彼を恐れて、避けた。触らぬ神に祟りなしというやつで、この時分につけられた異名が、楢原の勝吉で、「ナラカツ」である。

「前任の駐在さんから、一緒に引き継ぎの説明を聞いて驚きました。山奥で暮らすのは大変であっても、自然の恵みは豊富で、事件・事故もなさそうな長閑な地域と思っていましたからねぇー。『これは大変なところに来た』と主人のことが心配になっちゃいましてねぇー。でも、夫婦ともども『命がけの駐在勤務だ』と思ったら、かえって『あたしも、主人を助けて、がんばらなくちゃぁー』と勇気が湧いてきましたよ」

道のない集落

「主人は、着任してすぐに本谷の集落に行きました。主人を送り出す時は心配でしたが、帰ってきてから聞く話は耳新しいことばかりで、楽しかったですね。

本谷に行く時主人は、前任者からの引き継ぎのとおり、パンを買って、その袋を警棒の先に吊るして担いで出かけましたよ。昼食をご馳走してくれる家への土産なんです。子供たちが一番喜んでくれるというんですね。『かんくさん、今度来る時はおらあがち（俺《おれ》ん家《ち》）で、まんま食ってってくんないの』と言われるんだそうです。

ご馳走といっても粟飯《あわめし》に菊芋《きくいも》（川端や山辺に自生するキク科の多年草）の漬け物、焼き餅、そしてジャガイモの串焼きなどです。秋にはね、岩魚、山女の塩焼き、マイタケ、シシタケ、イワタケなどの山菜。キジ、ヤマドリなどの焼き肉という本谷ならではのご馳走攻め。本谷に行くときは組長さんの家へ泊めてもらって、夜は村の衆と深夜まで大宴会だそうでね。『いい人ばっかりだ』って、主人はいつも感激して帰ってくるんです。

あたしの楽しみは、村の衆が『お方《かた》さん（奥さん）に』と持たせてくれる岩魚、山女、シイタケ等天然のお土産でしてねぇー。

本谷には、二ヵ月に一度の割合で行きましたね。子供たちが幻灯写真（スライド）や紙芝居を待っているんですよ。何一つ娯楽のない山の中ですからねぇー。子供たちだけでなく、集落中の人が楽しみにしているんです。主人は最初のうち『なんで警察官になって紙芝居の稽古《けいこ》をしなくちゃあならないんだ』と愚痴ってましたけどねぇー、村の人たちの唯一の楽しみとわかってからは、稽古にも熱が入ってきましてね。あたしも一緒に紙芝居の稽古をしましたよ。

本谷の子供たちは、自転車も知らなかったんです。乗り物といえば、気動車で引っ張るトロッコとたまに上空を通る飛行機ぐらいでした。

主人は村に掛け合って、分校の教材用にと自転車を一台買ってもらったんです。この自転車が集落に届いた日は、主人を囲んでのどんちゃん騒ぎが明け方まで続いたそうですよ。

でも、この本谷の山の中にジャンボ旅客機が墜《お》ちるなんてねぇー」

峠の住人

――十石峠へは行ったんですか？

「『十石峠に、こんこんばあさんという女が一人で住んでいる。それと、炭焼きの家族も住んでいるというんだけど、実はまだ行ってねえんだ。猟師だって行くのに大変なところだそうなんでさぁ』というのが、前任者の言い訳だったたんですね。

主人は『とにかく管内なんだから行かなくちゃあー』と準備をして、山登りに一番気候のいい、五月に行ったんです。

出動服に、出動帽、編み上げ靴という、デモ警備に出動する時のような出で立ちで、腰には熊対策ということで、拳銃を着けてね。途中黒川集落の消防分団長さんのところに寄ったら、『そんなテッポーなんかより、熊には熊よけの鈴が一番だで』ということで腰に鈴を着けてもらって、ちりん、ちりん鳴らしながら、約五時間かかって、やっと頂上に着いたんだそうです。

こんこんばあさんと呼ばれる女は、峠で茶屋をやっていた。といっても炉端に草履《ぞうり》と草鞋《わらじ》、飴や駄菓子が入っているガラス製の広口瓶が置かれてあるだけの小さな小屋であった。赤黒く日焼けした顔、長く伸びた髪の後ろを、細紐で束ねている。この女、実はまだ四十代であった。よほどの事情があるのだろう、何を聞いても「かんべんしてくらっせー、おらあ、悪いことはしてねえだ」とおどおどしている。

「それにしても、こんな山ん中に一人でよく住んでいられるなあ、怖くねえかい、熊も　出るんだろうー」と言ったら、「熊より人間のほうがこえーだ」と、小声でボソッと言ったという。

こんこんばあさんの小屋から、五〇メートルほどなだらかな坂を下った山中に炭焼き小屋が二軒あった。一つには、中年の夫婦に十歳と十一歳の男の子の四人家族が住んでいた。夫は四十歳で、妻は三十六歳。長男は太郎で、次男は次郎と答えた。初めて見る拳銃を下げた警察官に驚いたのか、何を聞いても黙っている。が「二人とも黒《くれ》え顔をしているなあー、顔を洗ってるんかや、熊もたまげるだんべーやー」と頭を撫《な》でると、二人の子供は初めて白い歯を見せた、という。

もう一軒の炭焼き小屋には、二十一歳の夫と十八歳の妻という若い夫婦に、生後八ヵ月の乳児が住んでいた。女は「継母にいじめられて育ち、十六歳の時どこかに売られそうになったため、夫に連れられて逃げてきた、赤ん坊はこの小屋で産んだ」と言った。赤ん坊のことは前任者も知らなかったのであった。したがって、峠の住人は八人であり、皆無籍者であった。

「峠から帰ってくるなり、主人は、『子供二人は学校へ行かせなくちゃあなあー』とか、『山ん中じゃあ、赤ん坊を育てるんは無理だ。どうにかしなくっちゃあー』などと、しきりに悩んでいましたよ。あたしも、まだ会っていないこの人たちのことが気になって仕方がありませんでしたねー」

――太郎、次郎の兄弟たちのその後は？

「あたしたち駐在一家も、峠の人たちを気にしていながら半年がたった、十一月の初旬でした。前橋警察署防犯課（現・生活安全課）から、『索道《さくどう》に乗ってきたと言っている子供二人を保護している』

という問い合わせがあったんです」

索道というのは、「架空索道」のことで、山奥の材採現場から里へ材木を搬出するために標高差を利したケーブルを架け、これに固定してある「搬器」という電動滑車に釣り針のような形の鉤《かぎ》で引っかけた台に材木を載せ縛り付けて使われている、いわばロープウェーである。

したがって、強風にあおられるなどして落下することも年に数回あるが、たとえ搬器そのものが落ちてバラバラに壊れても全体として簡単に造り直すことができ、当時の林業によく用いられていた。しかし多くの場合、人が乗ることは想定されてもいない。

子供たちは「索道を乗り継いで村のおおかん（道路）に出て、そこからトラックの荷台に乗ってきた、と言っている。真っ黒い顔で垢《あか》で固まったような手をしている兄弟で、十歳と十一歳と言っている」というのであった。

「主人は『うちの子供たちに間違いないので、胸に名札を着けて、万場の派出所まで送ってくれ』と依頼したんです。胸に名札を着けられた太郎と次郎はその日の午後、前橋市から藤岡市まで約一一キロ、藤岡市から万場まで約二一キロ。警察のジープとトラックを乗り継いで、送られてきたんです。主人が万場まで迎えに行き、そこからまたトラックで約二〇キロの楢原まで連れて帰ってきたんですよ。もう太陽は高い山の陰に沈んで、あたりは、薄暗くなっていましたねぇー。

主人が『お前たち、おとっちゃん、おっかちゃんに黙って山を下りたんだんべ、索道から落っこちたら死んじまったんだぞ、今度なあー、町へ行きたくなったらちゃんと言って行くんだぞ。駐在さんにもな。トラックの運転手さんによく頼んでやるからな。いいな、わかったな！』って言ったら、二人は気をつけをして、ペコッと頭を下げるんです。真っ黒い顔をしてねー。びっくりするぐらい垢だらけでしたが、可愛かったですねえー」

――それで、その日はどうしたんですか？

「峠の両親からはなんの連絡もなかったんですけど、心配して一晩中、山の中を探し回っているようすが目に浮かびましてね、でも、連絡する手段もないしねー。その夜は駐在所に泊めて、翌朝早くに主人が送っていくことにしました。

まず、主人がね。駐在所から約五〇メートル下った神流川から、大バケツ二つに水を汲んで、天秤《てんびん》で五回担ぎ上げてお風呂を沸かしたんです。あの子たちをお風呂に入れてやり、体中にたまってこびりついた垢を落とすのは大変な作業でしたよ。糸瓜《へちま》でこすると、よじれるように垢が落ちてねぇー、お湯で流しては何回も洗ってやりました。

いい子になってねぇー、主人のシャツをパジャマ代わりに着せてやりながら、何か不憫《ふびん》で涙が止まらなかったですねぇー。あの夜の夕食は親子六人一家団欒《だんらん》そのもので、二人の子供もすっかりなついてにぎやかでした。かき込むように食べる育ち盛りの太郎ちゃん、次郎ちゃんを見ながら、また泣けて……。

『どうして町へ行く気になったの？』って聞いたら、『峠で会う人から町の話を聞いて、見たくなった。どこへ行くかわからなかったけど、着いたところが前橋だった、町はもっと近くにあると思ってた』って言ってましたねぇー。

子供たちを一緒に寝かせてから、太郎ちゃん、次郎ちゃんの汚れた衣服を洗濯して囲炉裏《いろり》で乾かし、主人の古くなった出動服などの袖や丈を夜なべで詰めたり、縫ったりして、翌朝出る時に持たせてやったんです。何度も振り返り、手を振っていく子供たちの姿が涙でにじんでしまって……。泣き虫女房でしたから、ハッハ……」

――結局、学校へは？

「いえ、主人が役場や教育委員会と相談して、翌年から二人そろって学校に行けるようになったんです。もちろん、峠に行って両親を説得しましてね。両親は涙を流して喜んだそうです。子供たちは村の施設に泊めて、食事はあたしらが作ってあげたんです。あたしも、子供たちの面倒をみてやれることが嬉しかったんですからねぇー。

太郎たちは、中学校を卒業して村内の林業会社に就職して、立派な青年に成長したようですが、数年後、炭焼きがやっていけなくなった両親と一緒に転出したという報せを受けましたが、それ以後のことはわかりません。今でも、どうしているかなあ、と気になる兄弟でしてねぇー」

ナラカツ

――もう一つの引き継ぎの件は？

「ハハッ、ナラカツさんのことですか。あたしたちは『カッちゃん』と呼んでいましたけど、山奥の長閑な集落どころか、この若い衆一人のために村中が恐れおののいていましたよ。子分たちを連れてね。若い衆は、枝打ちなどの山仕事で使う細身の鞘のついた山刀《なた》とか、仕込み杖《づえ》のようなものを持って、粋がっていてね。カッちゃんのは、刃渡り三尺の特製の大山刀で、それを振り回すもんだから、怖いのなんのって……。夜になると、乙父という中心部の集落に一軒だけある飲み屋に行って、酒を飲んでは、喧嘩。酒を飲むことしか楽しみのない村でしたからねぇー。相手も、よそから林業の仕事で来ている威勢のいい若い衆ですからね。

主人は『こぶぐらいなら勘弁するけど、刃物を使ったり、血を流したら勘弁しねえぞ』って触れ回ったりしましたが、いっこうに収まらなかったんですよ。通行人まで脅したりぶんなぐったりするので、『なんとかしてくれ』と届けはあるんですが、『じゃあ、被害届を出して、調書を取らせてくれ』と言うと、仕返しを恐れて誰も捜査に協力してくれないんですよ。『かんくさあは二年か三年で交代するべえ。おらあたちは一生ここに住まわなければなんねぇ。仕返しされたらたまんねえだよ』とねぇー。

『ナラカツを捕まえないと、いつか、でっかい事件が起きる。現行犯で逮捕するしかないか』って、主人は頭を抱えていましたよ」

――捕まえたんですか？

「ええ、主人は毎晩飲み屋の周辺で張り込みをして、カッちゃんの監視を始めたんです。そして、三日目の夜、ついに喧嘩《けんか》の現場を押さえて、傷害現行犯で逮捕したんです。暴れるので手錠を掛けたまま、駐在所の机に縛り付けてね、本署から連れに来るのを待ってたんです。その間、仲間たちが十人ぐらい駐在所へ押しかけてきて、『放せ！』と騒ぎましたけど、誰も手出しはしませんでした。普段、一人になるとおとなしい若い衆ばっかりなんですよ、口では『放せ！』と怒鳴ってましたが、本気で言ってるわけではなく、カッちゃんが怖いから威勢を示しているだけなんですねぇー。わかるんですよ。『カッちゃんを早く捕まえてほしい』と願っていたのは、彼らかも……とね」

――初めての駐在所で、怖かったでしょう？

「ところがね。あたしは怖くなかったんですねえ。カッちゃん、女衆には優しかったんです。『おい！チュウゼー（駐在）、出てこい！』って、酒を飲んで怒鳴ってるんで、『警邏《けいら》に出ていていないんだよ、カッちゃん』とあたしが出るとね、ハハ……。『あぁーお方か、これ食ってみない』って、ズボンのポケットから山で採ってきたアケビを出してね……。喧嘩の現場に主人が行くと『お方を呼べ！』って……。あたしが行くと、とたんに素直になる、ってこともね、ハハ、若いあたしにも、甘えてるんですよ。母親に早く死なれたそうで、寂しかったんですねえー。駐在の女房って、時に、母親のような気持ちになるんです。年齢《とし》に関係なくね。子供がいなくても、子育てについての相談も受けるんですからね。やりがいがありますよ……ね」

――ナラカツ逮捕後の村は？

「村は嘘のように静かになりました。誰も刃物を持ち歩かなくなりました。役場も猟友会も、『業務以外に山刀等の刃物は持ち歩かないように』と広報し、主人も『刃物を持っているだけで刑務所行きだぞ』って、触れて回ったりしましたからねー。でも、カッちゃん、根はいい人なんですよ。父親の炭焼きを手伝っていながら、先行き、人生に不安とか焦りとかを持っていたんですね。若さを発散するはけ口がなかったんですよ。当時の若い衆皆がねー。

ああ、刑務所から手紙がきましたよ。『大変お世話になりました。一生懸命勤めて、出たらお礼にうかがいます』とね。主人は、首をひねっていました。『どう解釈したらいいんだろう』って。ねえ、ハッハ……」

ナラカツこと藤本勝吉は、その後も素行治まらず刑務所の出入りをしていたが、昭和四十二年四月、上野村村会議員に初当選し、三期十二年務めた。昭和六十年八月十二日に発生した日航機墜落事故の際には建設委員長として事故対策にかかわり、その後の慰霊登山道の整備等にも貢献した。そして村議を辞めてからは、墜落現場である御巣鷹山の尾根の管理人を二十年間にわたり、献身的に務めた。月命日には必ず山に登り遺族らの世話を焼き、登山道路や尾根の修復にあたるなど、多くの遺族から、感謝され信頼されていたが、平成十八年一月一日逝去。享年八十七歳であった。

今や、上野村はどん詰まりの山村ではない。国道２９９号は十石峠から、長野県佐久方面へ、車で一時間ちょっとで抜けられる。平成十六年三月には、湯ノ沢トンネルが開通、上信越（自動車）道下仁田インターから、車で約三十分の距離となった。「おひながゆ」の祭りや獅子舞いなど多くの伝統文化を受け継ぎながら、温泉郷への客、神流川上流での渓流釣り、自然の装いも美しい景観を求めて訪れる人たちなど、観光の村となった。そして、日航機墜落事故の慰霊の園や慰霊登山で訪れる人たちも、あとを絶たない。

第四章

秘境の「かんく」さん

須田貝ダムの駐在

一代限りの駐在

「昭和二十九年一月二十九日という日、今でも、ちゃんと覚えていますよ。沼田警察署の『須田貝《すだがい》』という山奥の駐在所に家族で赴任した日なんだからねー。大雪の日でしてね、三歳の長男と生後まだ六ヵ月の長女と家族四人だけの、季節はずれの人事異動でした。主人が三十歳で、あたしが二十八歳、結婚して五年目の冬でした」

「俺は隣接の吾妻《あがつま》警察署で刑事をやってたんさね。念願の刑事《デカ》になって三年目、『捕まえてナンボ』という世界でさ。張り切って、日夜泥棒を追っかけていたんさねー。そしたら突然署長に呼ばれて、『沼田警察署須田貝駐在所』への異動を内示されたんさね。一瞬、頭がくらくらっとしたいねー。『えっ、ダムの……ですか?』って聞き返したら、『大変な任務だが、君に白羽の矢が立った、腹の据わった捜査経験のある君が適任ということだ。任期は、ダムが完成するまでだからそう長い期間ではない。まあ、しっかりやってくれ』と言いづらそうに言うんさねー。

警察で、白羽の矢が立ったなんて、ろくなことはねえからね。飛ばされた、って思ったいねー。腹が立って、警察なんて辞めちゃおうと、本気で思ったんさ。女房に言ったら、『何よ、そのくらいのことで。警察官人生だってこれからじゃあない』って、逆に気合いを入れられちゃったいなあ、ハッハ。

それで、家族のためにも、仕事で見返してやろう、と思い直したんだ」

前橋市の郊外、裾野《すその》の広い雄大な赤城《あかぎ》連峰を一望できる閑静な小団地で穏やかな老後を送る萩原金《かね》好《よし》さん（八十歳）と妻のリキさん（七十八歳）夫妻は「もう、五十年以上も昔のことですからねー」と、時折顔を見合わせ、頷き合いながら、厳しい体験を物語るのだった。

『上毛かるた』に「つる（鶴）舞う形の群馬県」という〝いろはかるた〟がある。

鶴の頭部は東南に向き、その先端は栃木・埼玉県に接している。尾は西北部に位置して長野県に、右の翼は南西部で埼玉・長野の二県と山中で境界を重ねている。そして、左の翼は北端にあり、三国山脈を境として、新潟県と接している。北端の「水上《みなかみ》町（現・みなかみ町）」は、温泉の街である、水上温泉郷から利根川の上流を奥へ奥へと約一五キロ入ると、奥利根の秘境「藤原郷」がひっそりとある。そのどん詰まりの集落が「須田貝」なのである。ここから先は道もついていない。

当時須田貝集落には約五十戸の家が点在しており、人々は、猟師、炭焼き、営林署関係の山仕事などで生計を立てていた。

昭和二十七年十一月。この須田貝でダム工事が始まり、全国各地から工事関係者、作業員ら二千人あまりが集まった。このなかには服役中の囚人も三百人ほどおり、刑務官の監視の下で作業に従事していた。

道もなかった山の中に、飲み屋ができ、魚屋ができ、パチンコ屋までできた。

当然のごとく、酒を飲んでの喧嘩《けんか》や泥棒騒ぎなどが、頻々《ひんぴん》と起こった。囚人の逃走事件も起きた。逃走中の囚人が民家に逃げ込み「金を出せ」と住民を脅した事件は、集落中の住民をかつて経験したことのない恐怖に陥《おとしい》れたのだった。

そして、須田貝と藤原の住民に、水上町と工事関係者も加わった強い要望によって、沼田警察署に、ダムが完成するまでの期間に限っての「須田貝巡査駐在所」が設置されたのであった。

雪のトンネル

「着任の日は、『せめてにぎやかに送ってやるべえ』って、消防団員十人がトラック二台で送ってきてくれたんですよ。だけどね。トラックが藤原郷に入ると、とたんにものすごい雪でねえ、あたり一面が銀一色で、道路と谷の見分けもつかないんですよね。雪には慣れている消防団員たちも、桁違《けたちが》いの雪の量に顔色を失いましてね。どうにか須田貝の駐在所に到着したものの『わりいけんど早く帰るべえ、道がわかんなくなっちゃうから……』と家財道具を雪の上に放り出すようにおろして、ほうほうのていで帰ってしまいました。

親子四人が駐在所ごと雪の山ん中に放り出されたような心境で、心細いのなんのって、ねえ。

この雪は四日間も続きましてねえ、駐在所の軒下まで迫ってきました。駐在所といっても名ばかり。飯場小屋に『沼田警察署須田貝巡査駐在所』という看板が掲げられてあるというだけ――。八畳と六畳の二間と、三坪ほどの土間に、台所と急造の風呂場があるだけでした。事務所なんかありませんよ。それより、とにかく人の住めるようにしなければ、ということで、出入り口に雪のトンネルを作り、戸や窓の隙間《すきま》に雪や風が入らないように目張りをするのが、あたしたちの最初の仕事でしたねえ。子供二人が百日咳《ひゃくにちぜき》に罹《かか》り『ゴホン』『ゴホン』してましたねえ」

「これは命がけだぞ、と思ったたいねえ、家族を守らなくちゃあってね。村の治安なんてことは二の次だったたいなあ、あの時は、ハッハ。寒気が頭を締め付けてくるんだ、ダルマストーブの火をつけようとしたが、薪《まき》も湿っていて、火がつかねえ、泣きてえような心境だったたいねえ。弱っていると、唯一の隣人で、発電所の社宅に住んでるHさん夫婦が手伝いに来てくれてね。『ここでは、ストーブが命だからねえ』って、慣れた手つきで、枯れた杉の葉に火をつけ、枯れた小枝をくべて、ストーブ中に火が広がってから、薪をくべると、たちまち威勢よく燃え出して、暖気が、氷室のように冷えきった室内に満ちてきてさあね、嬉しかったたいなあ、あん時は……」

「この夜はHさんの家でキノコがたっぷり入った煮込みうどんをご馳走になったんですよ、Hさんも喜んで、主人と深夜までやかんで沸かした地酒を飲んでね。Hさん夫婦と一晩で親子のように親しくなりましたよ、子供たちも孫のように可愛がってくれてねー」

「翌朝、須田貝集落の区長ら長老三人が、『かんくさん、よくこげんな山ん中へ来てくれただなあむし。お方《かた》（奥さん）もまだ若けえし、ちいせえ子供を二人も連れてなあむし。すまねえだなむし。だけんど、おらあたちはこれで安心だあよ。よろしくお頼み申しますだむし』
と挨拶《あいさつ》に来てさね、勝手に土間の隅にスコップとツルハシで穴を掘り始めたんだ。そして、たちま ち長さ一・五メートル、深さ一メートルくらいの四角い穴を掘り上げ、分厚い板で蓋《ふた》をしたんさね。
『これがなくちゃ、冬を越せねえだむし。野菜でも魚の干物でもなんでも貯蔵できるだむし。このへんじゃあ冬場は買い出しにも行けねえからなむし。一冬分みんな入れとくだむし。モグラ生活だあさあ』って屈託なく笑ってねー。
『奥利根の冬を越すには、囲炉裏とかんじきだけは欠かせねえだ。かんじきがなければ一歩も外を歩けねえだむし』と言って、区長が、太いつるを輪の形に曲げて作った二つのかんじきを土間に並べて、履き方を教えてくれたんさね、こっれでいつでも駐在所の活動がスタートできるってねー」

一部前述しているが、駐在巡査などに対する「かんく」という呼び名は、群馬県特有のものである。明治二十年に制定された『警邏《けいら》管区巡査勤務規程』を群馬県では、同年一月二十六日、全国に先駆けて実施した。同規程は「警察署、分署の管轄区域を数町村単位で区分して『管区』とし、巡査一人を管区内に居住させて治安維持に従事させる」としたもので、その第二条には「管区内で発生した警察事件、事故はすべて受け持ち巡査の責任とする」ことが明記されている。すなわち、「かんくさん」という俗称はこの「管区」から発祥しているのである。

命がけ

「交通の不便な僻地《へきち》駐在では家族も命がけですよ。子供を医者に連れて行くにしても、子供の下着類、味噌、醤油、豆腐一丁買うのにも半日以上かかるんです。特に、冬場は大変です。週に一度は、次男を帯で背負って、長男の手を引いて、藤原の集落まで約六キロを歩いて、バスに乗って約四十分の水上町まで行くんです。バスに乗っているうちはいいんですが、帰りの藤原のバス停終点から須田貝までが、命がけでした。いつ天候が変わるかわからないんですから……。

途中吹雪にでもなれば、六キロの山道は命取りです、山道に慣れた大の男でも遭難することがあるんですから、小さな子供二人を連れてなんて、無謀なんですけどね。

ある日、駐在所まであと一キロくらいのところで猛吹雪に遭いましてねー、背負った次男の頭が雪に埋もれたように真っ白になって、目の中にも鼻の中にも雪が入り込んで……。容赦なく吹きつける針のような雪が痛くて、次男は泣きやみませんでした。でも、泣いているうちは生きている証拠だ、とね、三歳の長男は、けなげにも泣きもせずに必死に歩いてねー、『お母さん、だいじょうぶ……』って、気づかってくれるんです。

あたしは須田貝に来て初めて泣きました、〝この子たちを死なせてなるものか〟って思いながら――。

でも雪に埋もれて、足が一歩も出なくなってしまったんです。その時、薄闇の白一色の彼方が、ぼうっと赤く染まったのが見えたんです、長男が『お母さん、ブル（ブルドーザー）の音がするよ！』って、叫んだんです。そして『お父さんが呼んでるよ』って。

〝あ～助かった〟あたしは長男を抱きしめて雪の中にうずくまってしまいました」

広大な工事現場で働く二千人余の作業員のうち、飯場に泊まり込みの常駐者は、千二、三百人もいた。飯場は喧嘩のほかにも、博打《ばくち》やヒロポンという覚醒剤《かくせいざい》使用の溜《た》まり場にもなっていた。飯場ゴロというのがいて、飯場を回って五CC入りのアンプルを通常の五倍から十倍の値段で売りさばいていた。彼らは作業員と同じような格好をして飯場に入り込み、巧みにヒロポンを隠し持っているので、なかなか発見できない、駐在巡査一人で、不審者一人一人を職務質問などできるわけはない。

やりすぎたらいつ闇討ちをくうかもしれない。「ポリさんよー、あんまり成績を上げるなよな、ここでは何が起きてもわからねえぜ！」とか、「一匹どっこいで勝負するかい」などとすごむ奴《やつ》もいるのだ。

「刃物も使わない喧嘩なんかいちいち事件にしていたら、いくら身体があっても足りねえからね。刃物を使ってやり方が悪質な奴は現行犯逮捕して、工事現場のジープで本署まで連行したんだ。でも、ヒロポンは見逃せねえからねえ、販売目的の悪質な『飯場ゴロ』の検挙を重点に置いたんだ。作業員に、ヒロポンの味を覚えさせて、家族への仕送りを巻き上げる手口はとうてい許せなかったいねー」

萩原さん、一瞬、切れ長の目尻がきっと上がって、目の底が光った。

「それで、奴らを捕まえるには、バス停留所の付近がいい、と考えたんだ、外部からやって来る売人はバス以外に交通手段がなかったからねえ、張り込みして三日目に五人組がやって来てさね、俺の勘では、明らかに売人だったいなあ。職質したら、『検査して何もなかったらただじゃあすまねえぞ！』ってすごんだがね。若い男が五CC入りのアンプルが二百本入っている菓子折りを持っていたんだいねえ、五人とも共犯で逮捕したんだ。

手錠は一つしかねえけど、首謀格と見られる奴に手錠をかけて、ほかの連中は道路に座らせて、K組のトラックで駆けつけた現場監督や屈強な男たち五人の協力で本署まで連行したんだよ。気迫で捕まえたんだ。

ともかく麻薬・暴行傷害・賭博・銃刀法犯罪等で検挙、取り締まりの対象はいくらでもいたので、検挙成績は全署員百数十人中で、常にトップだったいねー。年間五、六十人は捕まえたいねー、共犯がいるからねー。

身元照会なんかしねえで渡り者の作業員を雇うから、指名手配被疑者も紛れ込んでいるんだ。飯場を回ってると不審な奴は目を見るとわかるんだ、指名手配を受けてる奴は同じ飯場に長くはいねえけどねえ。逃げるほうも必死だから、こっちも命がけだよ、ハッハ」

奥利根病

「山奥の駐在所ですからね、集会場になったり、診療所になったり、時には旅館のように使われたり、でね、駐在の女房は大変でした。

いいこともありました、ダムの完成間近い、昭和三十年九月の夜半に飯場で急病人が出てね。診療所は七月に閉鎖されて医師もいなかったんで、仲間の一人が付添人となって、駐在所に病人を担ぎ込んできたんです。四十がらみのひげ面の男が顔をゆがめて苦しんでいましてね、とにかく寝かせてね、苦しがる男の背中を一生懸命さすってやりました。半袖のシャツから出ている男の腕には、鮮やかなバラの花の刺青《いれずみ》が彫ってありまして……。びっくりしましたよ。あたしは冷蔵庫に入れてある熊の胆を思い出して、主人に持ってきてもらったんです。男は熊の胆が効いたのか、一時間もしたら痛みが治まったのか、『だんなー、奥さんー、すまねえ、すまねー』とペコペコ頭を下げていました。

そして、痛みが治まったので飯場に帰る、と言うのを主人と押しとどめて、山の朝は冷え込むから、と朝まで寝かせてやって朝食を食べさせてやりましたけど、あたしたちは朝まで一睡もできませんでしたよ。正体も素性もまったくわからない男二人と同じ屋根の下ですからねえ。

『おかゆまで作ってもらって、本当にすまねえ。一宿一飯のご恩は決して忘れやあしません』と仁義を切って二人は飯場へ帰っていきました。

どうしてますかねー、あの人たち」

「――さあー、どうしてるかなあ、あの男たちにも家族はあるんだろうからなあー。とにかく須田貝ではいろんな人と出会ったからなあ、厳しかったけど、楽しかったなあー」

「須田貝の厳しさを思えば、あとの警察官人生での苦労なんて考えられないわねえ。でも、人生で一番楽しい思い出が残っているのも、須田貝ね。

奥利根の四季の美しさは神秘的ですらありましたから。集落の女衆《おんなし》との山菜採り、キノコ狩りやわさび作り。お年寄りからは囲炉裏端で藤原郷に伝わる昔話を聞いたりして。集落中が家族でしたからね。

夏は子供たちと釣りや川遊びをしてね、大自然を満喫した一年二ヵ月でしたねえー」

「――山菜採りにキノコ狩り、釣り、木彫り、山登り、熊獲りやヘビ獲りなど、いろんな名人がいたから、面白かったたいなあー」

「あたしが桁違いの冬のすごさに驚いていたら、山登り名人の仁吉兄《にきちあに》いが『冬の間は別だが、水源には、いつも春があるだむさ。お方もそのうちに奥利根病になるだむさ』と言ったけど、二人とも本当に奥利根病に罹《かか》ったわねえ、ハッハ」

奥利根の里は、山桜、つつじ、山吹が、全山を覆い、新緑が目にしみる春には、ワラビ、ゼンマイなどの山菜採り。雪解けの六月から秋口までは、さわやかに吹き抜ける涼風のもとで、岩魚釣りや川遊び。風光明媚、色とりどりに燃える紅葉の秋には、落ち葉を踏みしめてのキノコ狩り、日の光を浴びて白一色に輝く冬には、手作りの橇《そり》に乗って、雪遊びに興じる。

明娟、絶勝、幽玄の奥利根の四季を満喫して、仁吉兄いの言うとおり、奥利根病に罹ったという萩原夫妻の思い出話は、途切れることなく続くのであった。

須田貝ダムは昭和三十年九月に完成した。利根川の上流奥利根には須田貝ダムに続いて藤原ダム（三十三年）、矢木沢ダム（四十二年）、奈良俣ダム（平成二年）が、東京の水源や電力源として相次いで建設された。

須田貝駐在所は、ダムの完成によって萩原巡査一代で廃止となった。その後の警察官人生を敏腕刑事として鳴らした萩原さんは「須田貝時代に経験した厳しい自然の中での真剣勝負が、そのあとの私たち家族の人生に大きく影響し、生きることの大切さと生きるための自信を持たせてくれた」と述懐するのであった。

藤原ダムの駐在

娘と離縁して、行け！

「住めば都、と言いますけどね。奥利根の秘境は驚くことばっかり。結婚して初めての駐在所生活でしたけど、そりゃあ大変なところでしたよ」

関越自動車道沼田インターチェンジ近くの閑静な住宅。星野光子さん（八十二歳）は、間もなく三回忌を迎えるという制服姿の夫・志郎さんの遺影に語りかけるように、物語るのだった。

「昭和三十三年春の定期異動で、主人に、沼田警察署藤原駐在所へ転勤の発令がありましてね、実家の両親に主人と報告に行ったんです。そしたら父が血相を変えましてねぇー。

『藤原の駐在なんかに行ったら死んじまうぞ。医者もいない村で家族が病気にでもなったらどうするんだ。雪が積もれば車も通れない山ん中だ。熊が民家の庭先まで出没するところなんだぞ。どうしても行くというのなら、娘と孫を置いて単身で行くか、娘と離縁するか、どっちかだ！』とね。

まあ、無理もない話ですがねぇ。その頃、長男が六歳で、長女がまだ三歳でしたからねえ。それに、あたしのお腹《なか》の中には産み月を二ヵ月後に控えた三人目の子供が宿っていましたからねぇー。父は当時営林署に勤めていましたから、県内の山村僻地の状況をよく知っていたんですよ。

父の気持ちは充分すぎるほどわかりますけどねぇ。子供を実家に置いて単身で行く、夫と離縁する、どっちも取れないですよねー。そんなに大変なところならなおさら、主人一人でなんかやれませんからねぇ。

赴任した日は、忘れもしないその年の四月七日でしたよ。前橋駅から上越線で水上駅まで行き、そこから先はタクシーでした。行けども行けども、あたりは山ばっかりでね。そしたら、山の中に突然、巨大なコンクリートの要塞が現れて……。そのダムサイトを通って約三十分してやっと藤原の駐在所に着きました。三歳の娘は『お家《うち》へ帰ろうよぉー』と泣き出すし、〝これはえらい所に来た〟と、あたしも泣きたい心境でしたよ。

駐在所といっても、消防小屋を修理しただけの掘っ立て小屋でしたからねー。でも、両親の反対を押し切っての覚悟の赴任ですから、実家に帰るわけにはいきませんしねー」

利根川の水源の大水上山《おおみなかみやま》（一八三四メートル）をはじめ、武尊山《ほたかやま》（二一五八メートル）、谷川岳《たにがわだけ》（一九六三メートル）などの高山に囲まれた奥利根の秘境。利根川最上流の須田貝ダム（洞元湖《どうげんこ》）の下流約六キロの「藤原郷」。この集落には、三百数十世帯、約千二百人が住んでおり、営林署関係の山仕事や猟師、炭焼き、山菜採りなどで生計を立てていた。

昭和三十三年、この藤原郷にダムが完成した。ダムの周囲は約一六キロ。利根の水を満々とたたえた人造湖は、藤原湖と名づけられた。

秘境の生活

「着任した翌日から、度肝《どぎも》を抜かれました、ハッハッ。朝ご飯を食べていたらね。近所の人らしい男《おとこ》衆《し》がのそっと入ってきて、何か一言ボソッと言って、新聞紙の包みを投げるように置いていったんですよ。包みをほどいたら、たまげたのなんのって。毛むくじゃらの熊の足が一つ入っていてねぇー。あたしの悲鳴で、子供たちは泣き出すしね。

『なんだこれは！　よそ者への悪質な嫌がらせじゃあねえのか』って怒った主人が、『とっちめてやる』って外へ出ようとした時、隣に住む、といっても五〇メートルぐらい離れているんだけどね。竹蔵という人が入ってきて、『ほうー、熊の足かい。源治が持ってきたんだっぺー。いい物をもらったなあむし』とニコニコしているんですよ。

『何がいい物だね、子供が怖がってるじゃあないか』って主人が言うと、『昨日、源治が鉄砲で仕留めたばかりなんだあよ。熊の足の肉は精がつくんでよー、駐在さあの奥さんに食べて貰うべえって、みんなで話しただむし。奥さんそろそろ産まれるだっぺぇー』と言うんです。食べろって言ったって、どうやって食べるの、と言ったらね。

『だから、おらが来たんだむし。熊の足は妊婦や病人に食べさせると薬なんかよりずっと養生になっていいんだ。精がつくからさあ、ちゅうぜえ（駐在）さあも一緒に食べない。またすぐ子供ができるだあさぁー、おらがちょっくら料理してやっぺ』って、台所にさっさと上がって、慣れた手つきで熊の足をさばいてね。野菜と一緒に煮つけて、『熊汁』というのを作ってくれたんですよ。

村の人の親切さがわかったんで食べてみたらねえ、変な獣臭さもなく、意外にあっさりしたいい味でしたねぇ。当時は肉もめったに食べられなかったし、もちろん熊の肉なんて生まれて初めてでしたよ。あたしは茶碗にお代わりをして、たくさん食べましたよ。だけど長男は怖がってね、中学校を卒業する年齢《とし》までいっさい肉を食べなくなっちゃって、困りましたよ。毛むくじゃらの足がよほどショックだったんでしょうねー。

子供ですか？　おかげさまで六月の初旬、無事に元気な男の子を産むことができました」

助け合いながら生きる

「でも、冬の子育ては大変でした。毎日が、雪との闘いですからね。朝起きると台所にこんもりと雪が積もっているんですよ。隙間だらけの駐在所ですからね。台所や風呂場に一晩中、容赦なく雪が吹き込んでくるんです。この雪を取り除くのが、一日の最初の仕事です。

水道管が凍ってしまうと炊事、洗濯、風呂に使う水は駐在所の約一〇メートル下に流れている『なぐら川』まで行って汲んで来るんです。洗った茶碗と茶碗がすぐ凍ってくっついてしまうんですよ。あたしの十本の指も、みな赤くひび割れてしまってね。

でも、近所の人たちは皆親切でね、何かと面倒みてもらいましてね、その心の温かさに癒されましたから、辛くても我慢できたんでしょうよ。村中が家族なんですよ。みんなが助け合いながら生きているんです。助け合わなければ生きていけないんですよ。子供たちも、夏は魚捕り、カブトムシ捕り、冬は橇で雪遊び、などと、自然の中でたくましく育ってくれました。長男は毎日水汲みを手伝ってくれてね。腰まで積もった雪をかき分けながら元気に学校に通いました」

招集日の帰途に遭難

招集日とは、署長の訓示や副署長、課長ら幹部の指示を徹底させることを主な目的として全署員を集合させる日である。定期の招集日は普通月に一、二回である。沼田署の管内面積は県の四分の一を占めるほど広大であるが、ほとんどは山間部であるため、駐在所が二十七ヵ所にも点在しているのである。藤原駐在所は交通に不便なもっとも奥地にあるため、日帰りでは招集に応じられない。給料日に合わせて月一回と決められていた招集日の前日に水上幹部派出所の宿直室に泊まり、当日皆とバスで約一八キロ離れた沼田市の本署に行き、招集行事終了後、市内で食料品や日用雑貨品などを買い込んでリュックサックに詰め込んで背負って、その日は水上に宿泊、翌日、バスで駐在所に帰るのである。

署長訓示を受けるのに二泊三日の旅となるのだが、藤原のような僻地の駐在にとっては、署長、課長らの訓示、指示よりも、かみさんからの買い物指示のほうがはるかに重要なのである。何しろ、毎日の生活がかかっているのだ。買い忘れた品があるときの女房、子供たちからの非難のほうが、怖いのである。

が、もっとも恐ろしいのは、雪であった。大雪となると一日往復八本しか通らないバスも運休になってしまうのである。となると、歩くしかない。派出所の奥さんに握り飯を作ってもらい、早朝に出発する。六時間から八時間歩いて夕方暗くなる前に帰らなければ、危険だ。雪のため、山側と谷側の見分けがつかなくなるのだ。どちら側でも道路をはずれてドボッ、と雪の中に落ち込んだら命がない。

星野巡査が初めて迎えた冬、十二月下旬の招集日の翌日は、大雪となった。

バスは午前七時の始発から運休。「気をつけて行けよ」派出所長のK警部補の声を背に早朝六時に出発した。足には自信があったので、午後二時頃までには藤原に着けると思った。雪は利根川の上流に向け山道を奥へ進むほどに強くなっていく。雪は出発時に足のくるぶしあたりだったのが、膝、腰部へと深くなっていく。四時間ほど歩いても、ダムの擁壁は見えない。雪は腹部あたりまで積もってきた。一〇〇メートル進むのに一時間もかかった。六時間ほどでやっとダムサイトに辿り着いたが、疲労と雪のため、ほとんど前へ進めなくなった。あたり一面は白一色で、山も谷も区別がつかない。

〝もうだめかもしれない〟と、絶望感が襲う。妻や子供たちの顔が交互に浮かぶ。〝がんばらなくちゃあ～、死ぬもんか！〟気力を振り絞り少しずつ進む。目がかすみ、意識が薄れていくような錯覚にとらわれた。雪の浅い大樹の根元に座り込んだ。睡魔が、襲う。朦朧《もうろう》とした意識の底で、「お～い」「駐在さ～ん」、人の呼ぶ声が聞こえる。

星野巡査は、間一髪で命を救われた。出発してから八時間以上たっていた。

「藤原は前の晩から雪が降り続けていましたからね。嫌な予感がしましてね、竹蔵さんに話したら、すぐに派出所に電話してくれたんです。そしたら、主人は朝六時に出発したと言うんです。竹蔵さんは、村の衆に告げて救助に出かけてくれたんですよ。

自然を甘く見ちゃあいけませんよねぇー。美しいけど怖いんですよ、村で生まれ育った人でさえ、遭難するんですからねー。

村の衆に助けられ、橇に乗せられて主人が駐在所に着いた時は、もうあたりは暗くなっていましたよ。外灯の裾には、氷柱《つらら》が垂れ下がっていましたね。主人の顔を見るまで、生きた心地がしませんでしたねぇー」

村中みんな家族——二度目の遭難

年が明けて二月。四歳になったばかりの長女が風邪をこじらせて、熱が下がらない。竹蔵のかみさんに貰った薬草を飲ませたが効き目がない。夜になると状態が悪くなり、熱にうかされるようになった。

藤原は無医村だ。雪の深い季節は車も動かない。

「『お医者さんに見せなきゃあー』もしも娘が……と混乱した頭で、私がつぶやいたら『俺が背負って水上の医者に連れて行く』と主人が言うんです。もう九時を過ぎているし、雪の夜道は危険よぉー、竹蔵さんに頼んで一緒に行ってもらったほうが……と言ったんです。主人も遭難して助けてもらっていますしね。

主人は『もう、こんな時間だし、子供の病気とはいえ、警察官が個人的なことで村の衆に迷惑はかけられない。今夜は雪もやんでいるし、風もなく、穏やかだから心配ない、四時間も歩けば着く』と言って、毛布でくるんだ長女を背中にくくりつけ、懐中電灯を付けたヘルメットをかぶって、出発したんです。

心配で、心配でねー。心配して外へ出たり入ったり……。そしたら、十一時頃になって雪が降り出したんです。主人も娘も危ない。あたしは我慢できなくなって、竹蔵さんのところへ行って話したんですよ、竹蔵さんは『この雪の中を夜中に子供を背負って一人で水上に行くなんて正気の沙汰《さた》じゃあねえ、きっと道に迷って遭難するだで、すぐみんなで追いかけるべえー』と近所の男衆を集め、救助に出かけてくれたんですよ。あたしも一緒にって言ったら、『女衆は足手まといになるだあよ、まあ、安心して待ってらっせー』と言ってねー」

星野巡査は、途中から吹雪となったダムサイトの山道でついに動けなくなった。幸いに大杉の洞穴を見つけることができたので、枯れ木を燃やして、長女を抱きしめた。このまま、朝まで動けなかったら……と最悪の事態が頭を過《よ》ぎる。そんな時、「おーい、駐在さ〜ん、でえじょうぶか〜、今行くだで、動くんじゃあねえどー」

いくつもの明かりと声が近づいてくる。助かった。涙が止めどなく出る。「駐在さんよ、ここは道から随分はずれてるでな、雪にはまらねえでよかったなむし。木が燃えてるようなにおいがしたでなあ、よかった、よかった」竹蔵たちが、次々に声をかけてくる。「申し訳ねえです」と頭を下げる星野に、竹蔵は「他人みてえな遠慮はするない。みんな家族だんべえや、そんなことよりJ子ちゃんを早く医者んところへ連れてかなくちゃあなんめー、早く竹橇に乗せべえや、一時間もかからねえで着くだあや」と厚い布団を敷いた橇に寝かせた。意識が朦朧としているJ子は呼びかけにも答えなかった。

「娘は本当に間一髪というところで村の衆に助けられたんす。恐ろしい思いをしました。でもねえ、村の人たちの温かい心が身にしみてねえー。今考えると、辛いことよりも楽しい思い出ばっかりですよ。

主人は発令の時、署長さんから『大変なところだが、一年だけ行ってきてくれ』と言われたんですよ。だけど、主人は『二度も村の衆に命を助けられて恩返しもしないので村を去るわけにはいかない。それに、この自然の美しい村や家族となれた竹蔵らと別れたくない』と言って留任を希望したんです。ただ、あたしや子供たちにはすまない、と言うので、あたしも藤原にいたいから、と言ったんですよ。えー、本当の気持ちです。子供たちも喜んでいましたよ。それで結局、藤原駐在には三年いました。前任の駐在から『雪の冬は大変だけど、ここの自然は素晴らしいから、奥利根病になるよ』と言われた意味がわかったんですよね。

藤原だけでなく、村中が家族というような深い絆のある生活がよくってねー、その後の警察官人生は、志願して、生涯一駐在で通したんです。それも、沼田警察署管内でね。

それで、退職後の終《つい》の棲家《すみか》も、ここに決めたんですよ」

光子さんは、志郎さんの遺影を見つめて、微笑んだ。


今の藤原郷は、二つの温泉（宝川・湯ノ小屋）と三つのスキー場を擁しており、奥利根湖（矢木沢ダム）、藤原湖（藤原ダム）、洞元湖（須田貝ダム）、ならまた湖（奈良俣ダム）が、周囲の山々の四季の変化と美しく調和し、観光客の目を奪っている。また、ダムの西部左岸には、ダムの完成後に建てられた和洋折衷のモダンな駐在所がある。

老若男女が四季を通じて訪れる観光名所になるとは、当時誰もが想像もしていなかったであろう。

「秘境」の駐在

伝説の村

「『異動だよ。白羽の矢が立っちゃったよ』って、当時沼田署（群馬県北東部・沼田市）交番勤務だった主人（小池金次巡査）が、非番で帰ってくるなり言いましてね。警察の人事異動で、白羽の矢が立つってことでよいことは一つもないですからね、ハッハ。どこっ？　て聞いたら、『長野原（警察署）の小雨《こざめ》駐在所だ』って……。私が、じゃあ、草津温泉が管内でしょう。いっぱい温泉に入れるわねって言ったら、『小雨は六合村《くにむら》だよ、秘境の里と言われている山ん中だ』って」

六合村（現・中之条町）は、群馬県の西北端にある山村で、人口密度は一平方キロに二十人強という県下最低位の僻村である。二〇〇〇メートル級の山々に囲まれたこの村は、西は信州（長野県）、東は越後（新潟県）に接しており、「民話の里」「伝説の村」「昔話の宝庫」などと呼ばれてきた。

村の中央部には白砂山《しらすなやま》（二一三九メートル）を源とする白砂川が流れているが、標高差が大きいゆえに、川の流れが速く、深い渓谷をつくり、山が迫って平地が少なく、耕地も少ない。酸性の強い白砂川に魚は一匹もいず、かつて「死の川」といわれた白砂川の渓谷は、目を見張るほど、幽玄で美しい。

そしてその両岸には「花敷《はなしき》温泉」「尻焼《しりやき》温泉」「湯《ゆ》の平《たいら》温泉」「応徳《おうとく》温泉」と四つの鄙《ひな》びた温泉があり、白い湯煙があちこちで静かに立ち上り、白砂川の川面《かわも》を覆っているさまは、まさに伝説の村を墨絵にしたかのような情景である。

——着任時の状況は？

「昭和二十九年の四月ですからねえー、それこそ昔話のようなもんですよ。夫は二十五歳で、私は二十八歳、長男はまだ一歳六ヵ月で、二人目も身ごもっていました。だからね、秘境とか伝説の村とかいうのは興味があったし嫌ではなかったですけど、無医村だというのがねえ。それが、心配で心配で。冬季の寒気は厳しいって、前任者の奥さんからも聞いていましたしね」

妻のさだこさん（八十八歳）は、「もう大昔の話ですからねえー、でもあの頃は楽しかったですよ」と傍らの金次さん（八十五歳）を見やりながら、つぶやくように話す。

——伝説の村には慣れましたか？

「えー、六合村という地名は、明治時代に六つの村が合併して名づけられたんだそうですが、駐在のある小雨（旧・小雨村）は村の中心部でしてね。

役場、郵便局、営林署、小学校、駐在所などが集中してあったので、秘境という実感はありませんでしたねえー。

でもね、六合村は旧藩制時代に「入山《いりやま》」「生須《なます》」「小雨」「太子《おおし》」「赤石《あかいわ》」「日影《ひかげ》」の集落に分かれていて、それぞれ完全に独立した村々であったので、各集落の文化や生活様式は微妙に違うんですね。

特に、最奥地の入山（旧・入山村）という集落には他の山村と違った特有の生活文化が残っていたんですね。方言も入山の言葉として残されているんです。上州の秘境とか、昔話の宝庫とかいわれるのは、この入山のことなんですね。

当時入山地区には、十三の小集落に二百七十世帯一千人あまりが住んでいましたが、主人はこの入山にすっかり魅せられてしまったんですよ。だから、私も主人が、警邏や巡回連絡から帰ったあとの話を聞くのが楽しみでしたね。

山間部の駐在の仕事は、毎日管内を巡回連絡して住民に会って、家族に変わりはないかとか警察に対する要望や意見はないか、などを聞いて回ることなんですけどね、入山集落は昼間どこの家に行っても、年寄りとか赤ん坊しかいないというんですねえー。

この村の人たちはとにかくよく働くんです。男衆は炭焼き。女衆は畑仕事、炭俵編み、草履《ぞうり》作り等の生産労働をしてね。現金稼ぎには、ゼンマイ、ワラビ、キノコなどの山菜採りや荷物の運搬をする娘の馬子《まご》もいたんですねー。

子供たちも小学校三、四年生になればどこの子も区別なく家の仕事をさせられる。男の子は山から炭や薪を背にして運び下ろす。女の子は炭の運搬や畑仕事の手伝い、とね。だから、家事と子育ては年寄りの役目なんですよ。その家の家族構成に応じた生きるための役割分担がごく自然にできあがっているんですねー。

赤ん坊は竹で編んだ『イズミ』という籠《かご》の中に入れられているんです、ヨチヨチ歩きの赤ん坊が囲炉裏に落ちて大怪我《おおけが》をしたり、何かと危険であることからこの村で工夫された知恵なんですねえー。孫の面倒をみられる年寄りはまだ若く元気な方なんです。

なんの役割もできなくなった年寄りは何もせず、ただジッとしている。日向ぼっこをしたり、炉端の隅で一人ポツン、とね。主人は『丸くなった老人の背中に落陽の薄い日差しが当たっている光景はなんとも寂しい』って言ってました。でもねえー。暗さとか、哀れさとかは感じられなかった、と言うんです。人生最後の役割を果たそうとしている老人の穏やかな表情だと言うんです。家族もそっと見守ってやるという温かみが感じられたと。貧しくても村人たちや家族との絆が深かったんですよねー。今の世の中よりいいですよねえー……。でも、やっぱり寂しいんでしょうねえー。

主人は、巡回連絡に行くと老人たちの顔に生気が出てくるのがわかると言うんです。口調もしだいになめらかになり、目も輝いてくるんですと。『かんくさん、ようおいでない。ゆるりと休んでいきなんしょ』って、炉端でいろんな昔語りをしてくれるんですと。

主人は、老人たちの話に、笑ったり涙したりでね。その話を晩ご飯の済んだあとで私に聞かせてくれるんです。入山は本当に昔話の宝庫なんですよ」

――たとえばどんな？

「無医村ゆえに助からなかった幼い命とか、貧乏のもたらす悲劇は昔から数多いそうなんですけど、古老たちの話には、珍しい伝説が多かったんですね、貧乏に焦ったり、あきらめたりしない村人たちの豊かな心が語りに表れているんですね。

　主人が入山集落に巡回連絡してまず面食らったのは、ほとんどの家が『山本』姓だったんですと。だからね、どの家にもある固有の呼び名を覚えなくてはならなかったんですねえ。家々の真ん中にあるから『なかショウ』。井戸の向こうにあるから『井戸向こう』。家の位置が前にあるから『まえショウ』。向こうの平らなところにあるから『むこうだいら』。沢地にあるから『さわショウ』。名前が安兵衛だから『やすべえショウ』、というふうにねえー。主人は巡回連絡簿の一枚一枚に、何々ショウと見出しをつけていましたよ。

　そして、最初に聞かされた伝説が『宵《よい》の山本』、『明《あ》けの山本』という言い伝えなんです。入山は平《へい》家《け》の落人《おちゅうど》部落とも伝えられているんです」


　入山地区では、集団の呼び名としてよく「何々ショウ」という言葉が使われる。このショウは「衆」であり、たとえば「仲間ショウ」「男ショウ」「女ショウ」というふうに言う。これが転じて、家々の真ん中にある山本家の衆から、「なかショウ」となったのだろう。

　また、古老から〝入山言葉〟で聞かされた伝説とは、次のようなものであった。

《昔、先祖が戦に負けてはるばる落ち延びてきたんだと。そん時、先に来た一組は大晦日《おおみそか》の晩に辿り着いたんで、形ばかりの門松を立って正月を迎えることができたちゅあー。

　ところが、あとから来た組は途中手間取っちまって、ついに夜が明けてしまったちゅあー。そんで、仕方なく村のはずれにあった一本松を門松に見立てて正月を祝ったちゅうど。以来、入山では、正月に松飾りをする「山本」と松飾りをしねえ「山本」ができ、いつとはなしに「宵の山本」「明けの山本」と呼ばれるようになったんさあ。おらんちは、宵だあやー》

ちなみに、この両山本では、今でもその風習は守られているという。

「主人は古老の話にますます引き込まれていって、毎日のように、山沿い、川沿い、谷沿いに点在する小さな集落の家々を訪ねては昔話を聞いて、ノートに書き写していました。でも、この村に百数十話も残されてある『昔語り』を伝承できる古老は何人もいない、ということでした。だから、直《じか》に聞かせてもらえるなんて、本当に貴重でありがたいことなんです。聞きっぱなしで済む話ではないんですねー」

『六合村の昔話』は昭和四十九年十一月、村の語り部たちの百四十八話からなる昔話集としてまとめられ、発行された（発行：六合村教育委員会）。

——駐在妻としての生活は？

「駐在所のすぐ裏手は切り立つような岩山が連なって聳《そび》えていましてね、頂上を見上げれば首が痛くなるほどに高いんですよ。

だから日は北西側のその岩山の陰に沈むので、日照時間は平均四時間ぐらいでしてねー、主婦として、子育ての母にとっては、大変でした。子育てをしながら駐在所の留守番ですからね。買い物以外は外に出られません。幽玄で美しい、という白砂川の渓谷とか、鄙びた四つの温泉の風情とかね。

特に、尻焼温泉前の川面には川底から温泉が湧き出ていて、湯煙が立ちこめているんですって。そしてね、冬から春にかけて、その川の一角でね、、全裸の若い女たちが、菅《すげ》・茅《かや》・粟《あわ》など、草履・草鞋《わらじ》・筵《むしろ》の材料を踏みつけて柔らかくする『ねどふみ』という伝統的な作業をしているんですと……。

そんな情景も主人から聞かされるだけで、一度も見たことはないんですよ。だから主人がバイクで出かける際には、『また、ねどふみ見に行くの』って、からかってやるんですよ。主人は『違うよ、巡回連絡だよ』って真剣な表情でねー、ハッハ。

でも、村の人たちが野菜やキノコなどを持って来てくれたり、いろいろと山の生活について教えてくれましたので退屈しませんでしたよ。私は女の立場で、この村の民俗というか女衆や子供たちの生活や風俗習慣などを聞きたかったんです」

周囲が白銀一色の雪の中に全裸に近い娘たちが、川の温泉に浸《つ》かり、湯煙の中で白い肌を雪の白さと競うように寄せ合って、菅や茅を踏みしめる光景は、エロチックというのではなくて、生きていくための真剣な姿なのである――と伝えられている。

また、「仙境・白砂温泉郷に落人伝説を訪ね、川底から湧き出る温泉にお尻を焼かれながらねどふみの娘さんを眺める風情は、仙人にでもなった心境である」とは、温泉旅館の宿帳に残されている旅人の記である。

——女の仕事って?

「女でも男でも、小学校に上って三、四年生頃になると畑仕事でもなんでもやらされたって。十歳ぐらいになるとほうぼうに子守りに出る女の子が多かったようですねー。

十一歳から十六歳まで、村内や隣接する町などの子守り奉公に出たというお年寄りもいましたよ。家に帰るときに少しの給料と、着物などをもらったんですと。

ほかに女の仕事としては、養蚕《ようさん》、草取り、草刈り、牛の飼育、裁縫……。それに、『ねどふみ』も若い女の仕事ですね。草履作り、炭俵編みも女の仕事。

十五、六歳になると草津(温泉)などに女中奉公に出されたり、馬子などもね。柄杓《ひしゃく》とか、杓文字《しゃもじ》とか、村で作った物を積んで三、四里の山道を往復したというんです。帰りは日が暮れて、一里ぐらいはいつも暗い山道を馬を引いて歩いた、というんですねー。

入山集落から西のほうには、天下の名湯・草津温泉があり、東のほうには若山牧水で有名な暮坂峠を越え沢渡《さわたり》温泉を通って、隣接の中之条町まで日帰りで行けたんで、それらの帰りには日用品なんかを買ってきた、というんです。

冬季になると、毎晩十一時頃まで夜なべ仕事だそうです。とにかく、この村の女衆はよく働くんですねー。よく働く嫁は『せっこうよし』といい、怠け者の嫁は『のめしもの』といわれた。だから、昔話の中にも嫁いじめの話がいくつもあるんですよ。貧乏ゆえのねえー。

女は十五、六歳で一人前の仕事をしたんです、十七、八歳になると結婚話が始まる。二十一、二歳頃までには嫁ぐのが普通で、それも、集落内で縁組みするのが娘の幸せというものだと、ね。

入山地区では、昭和の初期頃までは、七〇～九〇パーセントは集落内結婚のようでした。従兄弟や又従兄弟同士の婚姻もよくあった、と。経費を掛けず、格式ばらず、手軽にごく自然に縁組みをするというのが、いかにもこの村にふさわしい古くからの形なんですって……。それも貧乏ゆえの風習なんでしょうねー」


――子育ては？


「そりゃあもう大変でしたよ、交通の便の悪い山里の無医村ですからね。医者がいないので、信仰や呪《まじな》いや拝《おが》み屋という占い師に頼るなんてことも残っていたんですねえー。だから、いよいよ悪くなって草津（温泉）町の医者にかかる時には、すでに遅しでねえー。

『病人カゴ（駕籠）』というのが各地区にありましてね。竹で編んだ粗末なカゴでね。平素は村の観音堂などに置いてあるんです。重病人が出るとこのカゴに乗せて、十二、三人の村人が交替で担いで、草津までの二里の山道を三時間ぐらいかかって連れて行くんですと。

だけど、生きて帰れる人は少なかったようですねー、なかには途中のカゴの中で死んでしまうこともねえー。裏を返せば、村の人たちは死ぬ時でなければ医者にかかれない、ということで、赤子《あかご》とか、まだ幼い子供の死亡が割合多かったんですねー。だからね、私が一番心配していたのは無医村ということだったんです。しかし、私ら夫婦も一生涯忘れられない辛い体験をすることになりました」

無医村の悲鳴

――辛い体験って?

「それは、着任した年の秋口《あきぐち》だったですよ。ある日、二歳になったばかりの長男の真吾が『お母さん、お口《くち》が痛いよおー』って、居間にいた私に泣いて知らせたんです。台所で泣いている真吾を見て腰が抜けるほど驚きましたねー、口から青い炎のような息を吐いているんですよ。

右手に猫イラズのチューブを持ってたもんですからねー。私は悲鳴を上げました。ネズミ退治用にと台所の戸棚に入れておいた猫イラズをチョコレートと間違えて食べてしまったんですから。

小雨に一軒だけあった駄菓子屋では、当時チューブに入ったチョコレートが一番人気だったんですよ。『どうした!』って事務所にいた主人がすっとんで来ましてね。『やだー、どうしよう、真吾が猫イラズを、猫イラズを!』って叫びながらコップの水を真吾の口に流し込むように飲ませたんです。主人が駐在所に隣接してある役場に電話して助けを求めたところ、役場に常駐している保健婦さんがすぐに駆けつけてくれましてね。

五十に近いベテランの保健婦さんは、真吾のようすを見るなり目をつり上げて、『タマゴあるっ！』って。主人が『ニワトリのですか？』なんて慌てて言うと、『決まってるじゃないの、早く出して！　それにカップ！』ってね。

保健婦さんはタマゴの白味をカップで真吾の口に含ませてから、『急いで草津の病院に連れてって』って……。

保健婦さんのようすで『これは一刻を争う事態なんだ。真吾の命が危ない！』って、私はパニック状態になってしまってねー。

『早く！　早く！』って、主人に向かってただ叫ぶだけでした。いつの間にか、六畳の居間は役場の職員や近所の人たちでいっぱいになっていましてね。

『草津へ連れて行くきゃあねえだんべー』

『病人カゴで行くべえかー』

『草津からハイヤーを呼ぶんよりは峠越えのほうが早かんべー』

とか、口々に大声で言い合っていましたよ。当時は、自動車なんて役場にも農協にもなかったんですから。慌てていたもんで負ぶい紐も見つからないんです。

そしたら主人が、『真吾、お父さんにおんぶしろ！』って、柔道の黒帯を持ってきて、しっかりと真吾を身体に結わえ付けてね。とにかく、一刻も早くという思いでねぇ。主人は、病人カゴのお世話になるのは嫌だったんですよ。いい話は聞いていませんでしたからねえ。

『誰か、かんくさんを案内してくれや』って、役場の総務課長さんが大声で言うと、『おらが行く』『おらも行く』って、口々にねー。ありがたかったですねー。

そしたら、近所に住む浜吉という五十過ぎの男の人が、『おらが行くべー、峠なんかで行ったら三時間はかかるべえよ。一刻を争うんだったら沢伝いに行くきゃあねえ』と、でっかいしわがれ声で言うんです。

この浜吉さんという人。昼となく夜となく焼酎を飲んでは集落のあちこちでくだを巻いている嫌われ者でねぇ、私も嫌だったんですよ。

駐在所にもちょくちょく顔を出してね。『隣同士だんべえ、とことん飲んべえやい、かあちゃん、菜っぱかおこうこ（たくあん）はねえだか』などと言って腰を据える人でねえー。だけどこの時ばかりは、『浜兄いが行ってくれりゃあ安心だあや』って皆が口々に言うんですよ。こと山にかけては、浜吉さんくらい頼りになる人はいないって言うんです。

五十歳になるまで山仕事や猟師をしていて、どこの沢も、どこの山の獣道も知っていると言うんですねー。

それで結局、浜吉さんと主人の二人で真吾を連れて行くことになったんです。沢伝いじゃあほかの者も足手まといになるだけだということでした。私は祈るような心持ちで浜吉さんに頭を下げました。主人が雑踏警備などの際に履く編み上げ靴というのを履いていたら、『そんな革の靴じゃあ滑って岩場は上れねえよ。これを履きない』って、地下足袋《じかたび》を貸してくれましてねえ、いつもの、飲んだくれの浜兄いの姿はなかったですねー。神様、仏様、浜吉様という感じでね。ハッハ……。

小雨から草津（温泉）町までは、九十九折《つづら》りの急な坂道を通って、八キロは充分ある。浜吉は、生須《なます》という集落から沢に入った。草津町まで一直線に続く弁天《べんてん》川の沢伝いに、約八〇〇メートルほどの急斜面を上ると、媼泉《おうせん》の滝というのが五〇メートルくらいの高さから落下している。岩場に這いつくばり、木の根っこや、蔦をつかみ這い上がる。滝を上りきるとそこからは胸を突くような急坂の獣道が続く。途中から浜吉が真吾を背負って上った。そして、浜吉の言ったとおり、二時間ほどで、草津診療所に着いたのであった。

――駐在所で待っているの、辛かったでしょう？

「本当に生きた心地がしなかったですよ。二人目の子供の産み月も近づいてましたからねー。主人たちについて行くこともできないし、辛かったです。

草津の老先生が『あと十分も遅れたら胃洗浄も間に合わなかった。それにしてもよく沢伝いに来られたもんだ』って。あとで主人から聞かされて、嬉し涙が止まらなかったですよ。

浜吉さんは真吾の命の恩人なんです。人間て、片面だけ見て評価できないなあーって、教わりました。

だけど、真吾の命が助かったからいいものの、私のショックは治まらなかったんですね。子供の手の届く戸棚に無造作に猫イラズを置いた自分を責めてね。浜吉さんや村の皆さんに迷惑をかけて、駐在の女房失格ですよ。

出産予定日が近づくにつれて私のいらいらは募るばかりでね。

『もうこんなところ嫌。病院のあるところへ異動させてもらってよ。だめなら実家に帰らせてもらいます。私は仕事より子供の命のほうが大切なんだから、転勤がだめなら警察を辞めてよ』って、主人に当たり散らしましたよ」

――それで、二人目の出産は？

「『署長によく相談するから』って、主人になだめられて……。主人も心配だったんでしょうね。とにかく私は実家に帰って近くの病院で出産することになったんです。

厳冬の小雨駐在で初めての冬を迎える時期でしたので、主人のことが心配だったんですけど、私はそれ以上に、真吾とお腹の赤ん坊が心配だったんですよ。

長女は十二月初旬、無事に産まれました。出産の喜びと実家での安心感とで私の気持ちは落ち着いてきたんですが、主人のことも心配でしたねー。ええ、申し訳ない気持ちでねー。

父が、暮れの三十日に、正月用の酒とおせち料理を重箱いっぱいに詰めて、小型トラックで駐在所に持って行ってくれたんです。主人は、長女が産まれた時に病院で私や子供たちと会ったきりですからね。さぞや子供たちに会いたかったと思いますけど、交通の不便な辺地ですからねー、春になるのを待つより仕方がないと思っていたんです。

そしたら、大晦日の夜にとんでもない事件が入山地区の山奥の集落で起きたんですからね。警察官の女房として一生悔いの残ることがまた増えてしまいました。主人を支えてやれなかったんですから……」

貧乏殺人事件

――どんな事件？


「ええ、『おみねさん事件』と言いましてね。身体が弱くて子供も産めない寿美《すみ》という嫁を伝蔵という舅《しゅうと》が『稼ぎができねえ、がきも作れねえ、揚げ句は亭主にも逃げられて、このばかあまが――』などと、のめし（怠け者）呼ばわりして、何かにつけて嫁いじめをしていたんですと。

事件の起きた大晦日の夜も、まず、姑《しゅうとめ》のみねさん（『おみね』は二音の名に調子を整える『お』が付されたもの）が『正月様が来るめえに薪を運んどけって言ったんべやー。そんなざまだから嫁ごのしつけもできねえんだ。今夜中に運んどけ！』と伝蔵さんに言いつけられ、嫁の寿美さんとともに凍り付くような厳寒の林道に行ったんだと。

三十二歳になる寿美さんはもともと貧血症の弱々しい体質だったんですが、村内《むらうち》であるし、みねさんの遠縁にあたるということで、信夫という一人息子の嫁に迎え入れたんだけど、身体が弱く力仕事も無理だ、ということで、最初から、伝蔵さんは不満だったんですねえ。まあ、それが、そもそもの悲劇の始まりなんですよ。

自宅から一キロ近く離れた薪置き場から、四〇キロもある薪を背負《しょ》い子《こ》に積んで、雪明かりが照らす林道をみねさんが先に立ち、寿美さんと伝蔵さんがあとに続いたんですと。そして、自宅まで半道中の林道で寿美さんが『とっつぁまあ、すみません、ちょっと休ませてくんなせえ』と道に座り込み、背負い子を降ろしたんですと。

そしたら、自分だけ何も背負わずにあとをついて来た伝蔵さんが『このあまぁーぶち殺してくれる！』と、寿美さんを組み伏せ、首を絞めたんですと。

みねさんが『とっつぁまあ、やめてくれ。寿美のからど（身体）が弱いのを知ってるべえ、よしてくんない』と必死になって止めたが、『うるせー、こんな貧乏村で、働けねえ奴は生きていてもろくなことはねえー』って、伝蔵さんが嫁の首を絞め続けたんですと。『ごめんなさい、ごめんなさい』って許しを乞うている嫁の首を、ね。

それで、みねさんは、〝これじゃあ、寿美が殺される。あまりにも不憫だ〟と夫に対する憎悪が高ぶってねー、杖代わりに使っていた三尺余りの棍棒《こんぼう》で、伝蔵さんの後頭部を殴りつけたんですねー、それでも伝蔵さんは寿美さんの首を絞める手を緩めないので、二度、三度と殴りつけたんだそうですよ。

伝蔵さんを後ろに引き倒し、今度はみねさんが伝蔵さんに馬乗りになって首を絞めているうちに、伝蔵さんが着けていた背負い子の木の堅い枠が伝蔵さんの首を圧迫したためについにぐったりとして死んでしまった、ということなんですねー。

これは、あとで主人から聞いた話ですが、この事件は『おみねさん事件』といって村中知らない者はいませんでしたよ。

貧乏がもたらした殺人事件ですからねー。同情は夫を殺したみねさんに集まってね。『伝蔵ののめし野郎が、焼酎ばっか喰らってあまっこばかりこき使ってよー、おみねさんも寿美さんもおやげなかったただ（可哀想だった）』って、殺されてもまだ伝蔵さんは村の衆から非難されてましたよ。みんな貧乏がゆえの被害者なんですねー」

――寿美さんの夫は？

「信夫という一人息子がいたんですけどね、事件の起きた年の二年前の春に、『こんな山ん中でいくら働いても暮らしは楽にならねえ』ってね、伝蔵さんと激しく口論した挙げ句に、村を出て行ったんです。

そして東京で道路工事の仕事をしていたんですが、この年は正月に休みがないって、帰ってこなかったんですよ。伝蔵さんはよほど寂しかったんでしょうよ。それで朝から焼酎ばかり飲んでいたんですねー」

――事件処理は大変だったでしょうね？

「それは、それは、大変のようでした。事件現場は管内でもっとも奥地の入山集落ですからねー。事件のあった夜は朝から雪も降っていてバイクにも乗れないので歩いて行ったということです。入山から小雨への山道を五時間以上もかけてね。

道に詳しい消防団員が二人、道案内で出てくれたそうです。道路をはずれて雪のたまりに入ってしまったら動けなくなって凍死してしまいますからねー。明け方に、事件現場の林道に辿り着いたそうですが、死体は雪に埋もれていたんですって。

村内の組長さんが、こんもりとした雪の東側と西側に棒を目印に立てておいて『ここに間違いねえです』と指さしたんですと。主人は『雪の中に右手を突っ込んだけど、何も手に触れなかった』と言ってました。それほど雪は深かったんですよ。それで『まあ野犬に死体が喰われる心配はないということで、さらに三メートルくらいの竹の棒を現場保存のために突き刺しておいたんですと。

加害者のみねさんと嫁の寿美さんは、自宅の囲炉裏端で肩寄せ合ってうずくまっていたそうです。周りには近所の衆が心配そうに付き添っていたんだって……。主人の任務は『現場保存と事実確認、そして、加害者たちの心中や自殺の防止だ』と署長さんから指示されたようでした。

ところが、署長さん以下本署の捜査員と県警本部の検視官が現場に到着したのが、元日の夕方だったので、検死は二日の朝から行われたんだそうです、本署のジープも細い山道は危険で運転できず、みんな現場まで歩いたんですって。ですから、検死が終わっても死体の搬送と被疑者であるみねさんの護送は三日の日に村の衆に手伝ってもらって、小雨の駐在まで歩いたんだそうです。

　疲れきって帰ってきた主人に、正月のお雑煮《ぞうに》一つ作ってやれず、なんの支えにもなれず、でした。警察官の女房として悔いが残っていますねえー」

　――駐在所に帰ったのは？

「道路の雪が解けた三月の末でしたねー。主人が『署内異動の希望を出したから』って言ってくれたんですけど、『それでは一生悔いが残る。わたしも強くなるから……』って小雨駐在を希望したんです。主人もほっとしたようでした、どんなに僻地であっても、人が住んでいる管内は誰かが守らなければならないんですからねー。

　駐在はそこに住んでいるだけで、地域の人たちにとっては頼りになる存在なんだ、ということがわかってきたんですよ。結局、二年で転勤になりましたけど、その後の警察官生活というか、警察官の妻として、また、母としての自信がつきましたねえー」

　――伝説の村の思い出は？

「辛いことがあったけど、思い出は楽しいことばっかり……。特に、二年目はあっという間に過ぎました。駐在所は村の人たちの集会場のようでしたねー。子育ての女衆たちが集まって、まるで託児所のようでした。結婚前の娘さんたちも何かと相談に来たりしてね。

みんな村内での縁組みを嫌ったんですよ、『勇気を出して、外に出たら？』なんて知恵をつけたりしてねえー、ハッハ。夜になると男衆が、防犯委員会だとか事故防止対策会議だとかの名目で、駐在所に集まっては焼酎を飲んでいましたよ。病気の心配さえなければ何年でも住みたいところでしたよ。

十四、五年前、主人が警察を定年退職したのちの夏、四十年ぶりに六合村に帰ったんですが、村はすっかり様変わりしてましてね、驚きました。温泉診療所ができたり、村の北端にある野反湖《のぞり》でキャンプを楽しむ若者たちや秘湯の温泉客等でにぎわっていたり、でね。高齢者も、花を栽培して村興しの中心になってましたからねえ。主人が『おみねさんたち早く生まれすぎたよなあー』って、つぶやいてました」

平成五年九月。六合村の入山地区に「六合温泉医療センター」が開設された。ここには医科診療所、歯科診療所と介護老人保健施設（五十床）があり、常勤の医師三名と十数人の看護師、介護職員が従事している。また、健康増進施設としての温泉（プール付き）もあり、老人たちの表情には、明るさと安らぎが満ちている。

沢の駐在

重点目標は　嫁探し

署長室のドアは、もう三時間も閉ざされたままであった。昭和三十一年二月、春の定期異動に伴う駐在所人事、とりわけ最奥地の砥沢《とざわ》という駐在所へ誰をやるか、という人選が難航しているのであった。

「よし、阿久津をやろう。彼なら村のボス連中にも染まらないで、筋を通せるだろう」

署長の岡山警視が、エラの張った顔を紅潮させて言った。

「ですが署長、阿久津は独身ですけど？」

外勤課長（現在の地域課長）の梅村警部補が首を横に傾けながら、低い声で言う。

「わかっている、皆で阿久津の嫁を探してやれ。だが、見つかるまでは単身赴任でもやむをえない。

これは幹部全員の重点目標だ」

署長は有無を言わせぬ、というように皆の顔を見る。

下仁田《しもにた》警察署の砥沢駐在所は、県下南西部の南牧村《なんもくむら》の最奥地にあり、南牧川の上流にある。南牧村は、砥沢、羽沢《はざわ》、小沢《おざわ》、大塩沢《おおしおざわ》、檜沢《ひさわ》の五つの沢を中心に十二の集落を形成している谷間の村である。砥沢駐在所の管内には、五つの集落があり、当時約五百六十戸の家が点在していた。駐在所は川の南側山裾にあり、眼前には一〇〇〇メートル級の山並みが聳え立っているために、日照時間の平均は四、五時間程度であった。生活環境が最悪のうえ、警察に対する住民感情も悪い。「砥沢だけは行きたくない」と誰もが言っていた。それだけに署長の決断には重い響きがあったのだ。

それにしても、「すぐに嫁を探せ！」とは無茶な署長命令であったのだが、阿久津の嫁は思いのほか早く見つかったのである。幹部会議の二週間後、外勤課長が姪の結婚式に招かれて下仁田町から約一〇キロ離れた吉井町での結婚披露の席にその女性は姪の友人として出席していたのであった。娘はY町役場に勤めており、「娘を嫁にやるなら、身元のしっかりした公務員に」と言っていた両親もすぐに乗り気になった。

外勤課長の情報によって署長自らが仲人役を買って出た。そして、三日後に見合いをし、十日後に結納、二ヵ月後には、挙式の運びとなったのである。娘の両親はあまりの早い挙式に驚いたが、署長が仲人とあって、ただ「あぁ、そうですか、よろしくお願いします」というふうにトントン拍子にことが運んでしまったのだ。

「下仁田署に勤務する警察官ということだけしか聞かされていませんでしたよ。嫁入り道具はどこの公舎に運ぶのかと思っていたら、そりゃあーまあ、びっくりしましたねぇー。南牧村の一番奥の沢にある砥沢駐在所だって言うんだからね。

駐在所は粗末なもんで、事務所の戸もしっかり閉まらないし、畳の上を歩くと、ギシッ、ギシッと音がして床が沈むんですよ。根太《ねだ》が腐っているんですよね。お風呂場の柱はシロアリの巣でねぇー、思わず悲鳴を上げてしまいましたよ。

あたしが『砥沢駐在所勤務なんてまったく知らなかった』と泣きべそをかいて言ったら、主人たらね、『言ってなかったかなあー、署長がちゃんと説明してくれたと思っていたんだがなあー』だって……。おまけに会う人ごとに『警察ぐれえ、ありがてえところはねえよ。何しろ幹部会議までしてこんないい嫁ごさんを見つけてくれるんだからのおー』ってねー。

阿久津公一さん（八十三歳）の妻・いくよさん（八十歳）は、日当たりのいい南側の部屋で、当時を思い浮かべ、懐かしむように話す。だが、記憶力は実に鮮明だ。

――南牧は日照時間の少ない所と聞いてますが？

「えー、村議会で『あの山のてっぺんの杉の木を伐採すれば二時間は日照時間が伸びる』なんて真剣に討議されるくらいですからね。特に砥沢駐在所は川の南側の山裾にありましたからね。夏でも終日木漏れ日も当たらないくらいでしたよ。内も外もいつもじめじめしてましてねー、湿気を好むムカデ、ナメクジには最高の住処《すみか》でしたよ。

バスは一日四、五本だけ。小さな商い屋が一軒あっただけでした。でも、環境が悪いということだけなら一年や二年我慢すればいいのですがねぇ」

——ほかに何か？

「住民感情が悪かったんですよ。主人が駐在に選ばれて、署長さんが仲人をしてくれて……という意図があとでわかりましたけどね、ハッハ……。戦後間もなくから、村の消防団と警察の仲は伝統的に悪いみたいでした。消防団員をある事件で捕まえて、消防団長や村の顔役がもらい下げに行ったけれど警察署長が応じなかった、というのがことの始まりみたいでした。

引っ越したその日から団長さんら村の顔役が入れ替わり立ち替わり訪ねてきては、『あんまり張りきらねえでな、仲良くやんべえー協力すっから』とか、『がんばりすぎねえでやんない』とか、嫌味たらたら言うんです。警察官の女房になるってこういうこともあるんだって……辛かったですねえー。村の有力者から面接試験を受けているみたいでしたよ。当時は何をするにも村のボスを通さなければできない状態でしたから……」

当時は、消防団、防犯協会等協力団体を敵に回したら駐在所の維持さえできない、というのが実情であった。駐在所の土地や家屋が村や有力者の所有物であったり、電気・水道・自転車・バイク等も自治体で負担していたのであった。だから、村の有力者にとって気に入らない駐在に対する排斥運動なども珍しいことではなかったのである。

阿久津巡査二十八歳、妻・いくよ二十五歳の新婚生活は、まさに前途多難を思わせるスタートであった。

阿久津を追い出せ！

――それで、駐在所生活はどうでしたか？


「着任して半年もたたないうちに、主人に対する追放運動が始まりましてね。理由は簡単明瞭《めいりょう》なことですよ。村内《むらうち》で消防団員をオートバイの無免許運転で検挙したことが発端なんです。検挙しても消防団長や村のボスの揉《も》み消し要求に応じてやればなんでもないことらしかったんですね、かえってボスたちの顔が立って喜こばれるんですよ。それが、あの村の長年の習わしだったんですねえー。

ところが、主人はいっさい勘弁しなかったし、署長さんも『阿久津君は村のために一生懸命やっています。砥沢のことは彼を信じて任せてありますから……』と突っぱねたんですよ。

署長さんだって、主人を砥沢へやるためにあたしと結婚させて『がんばってこい』と送り出した手前、村のボスたちの言うとおりにはなれなかったんですよねえー」


――それで　どうしましたか？

「二百五十人もの消防団員がね、『阿久津の若造は生意気な野郎だ！』って毎日押しかけてきましたよ。ほかの村人までも、今度の駐在はやりすぎだって攻撃するし、あたしが挨拶してもそっぽを向いてしまうんですよ。普段はみんないい人なのにねえー、ボスが怖いんでしょうよ、それが一番辛かったですね。何が辛い、といってもねぇ、会話がないというくらい辛いことはないですよ。でも、商い屋のおかみさんがとても親切にしてくれてね。
なんでも話を聞いてくれたんです。それが嬉しくってねぇー、だから、辛抱できたんですよ」

余《よ》地峠《じとうげ》事件

長野県境、標高一二六九メートルの余地峠の山中で事件が起きた。当時、峠の頂上に炭焼き小屋が五軒あった。家族ぐるみそこで暮らし、炭を焼いて生計を立てていた。そのうちの一軒で十九歳になる知的障害のある息子が、突然六尺余りの草刈り鎌を振り回して暴れ出し、父親が大ケガをしたという通報が駐在所に届いた。

「主人は『峠で事件が起きた。遅くなるから……』と言って午後四時頃、制服・制帽で、編み上げ靴というわゆる出動靴を履いて、雨具や水筒などを入れたリュックを背負い、帯革には拳銃を付けて、出かけたんです。この年の十月は特に雨が多くてね。その日も雨模様の空で、山と空の区別がつかないくらいあたりは灰色でしたよ、峠までは約五キロで、山道に慣れた男衆の足でも二時間はかかると言われてましたね。主人を送り出した時、どうか無事に帰ってきてほしい、と神棚に向かって祈りました。着任してから初めての凶悪事件でしたからね。

　主人は本署に事件の一報を入れて出かけたんですが、あたしは心配で心配で、とうとうこらえきれずに夜中の三時頃、『まだ帰ってこないんですが、大丈夫でしょうか？』と本署に電話したんです。そしたら『え？　まだ帰ってこない？　そりゃあ、大変だ』ということになって、次長さんを先頭に十人ぐらいの捜査隊が、ウェポンキャリアというアメリカ製のジープで出動したんです。


　阿久津が急な山道をあえぎあえぎ登って峠の炭焼き小屋に着いた時、あたりはすでに薄暗くなっていた。村の男衆《おとこし》が三十人くらい、木の枝を切って作った長棒を手にして、一軒の炭焼き小屋を取り囲んでいた。ぜいぜいと息を弾ませている阿久津を見るなりリーダー格の男が、「あいつにはいつも驚かされているだよ。駐在さん、ピストルでぶっ殺してくんない」といきり立って過激な言葉でまくし立てる。新吉という息子は小屋の中で時々訳のわからない大声を発していたが、もう暴れてはいなかった。

　小屋の入り口前で、五十代の夫婦がびしょ濡れになって、泥んこになった地べたにひざまずいて「殺さねえでくだせえ」「撃たねえでくだせえ」と拝むように手を合わせている。夫のほうの手からは、血が流れていた。

「物騒なことを言うんじゃあねえよ。新吉をこれ以上興奮させちゃあだめだ。俺に任せてくれ」

阿久津は皆を小屋から離れさせ、はげ落ちた壁の隙間から小屋の中のようすをうかがった。あたりが静かになったせいか、新吉の興奮は収まり、壁により掛かってうとうとと居眠りを始めた。今だ。阿久津は中に飛び込み、新吉を押し倒すと同時に大鎌を蹴って、離した。そしてもがく新吉に両手錠をかけ、捕縄《とりなわ》で腰を縛った。

「この馬鹿たれが！」数人の村人が飛び込み、一人が新吉に蹴りかかろうとするのを「よせ！手出しをするんじゃねえ」と阿久津は気合いのこもった大声で、一喝した。その気迫に、男たちは一瞬にして静かになった。

いつの間にか峠は完全に暗くなっており、隣の小屋から漏れるランプの灯りが、僅かに周辺の場景を映し出していた。「雨で滑りやすく、ゆるんでいる下りの山道はいぶせえ（危険だ）。夜が明けるまでここで一休みするべえ」暗闇で誰かが言い、「そうだ、そうするべえ」と皆が同意した。

本署の次長ら一行が峠に着いた時には、夜もすっかり明けていた。誰もが木の根っこや石の上に座ってぐったりとしていた。新吉は小屋の中で寝入っており、阿久津とリーダー格の男が新吉を挟むようにして、一晩中見張った。

「大きなケガ人が出なくてよかったよ」次長がほっとして、言う。

「阿久津は疲れているからあとからゆっくり歩いて来いや、奴は俺が引いて行くから」ベテランの刑事が阿久津をねぎらう。

峠を下る途中。「のう、駐在さんよー、あそこで駐在さんが新吉にピストルを向けたら、みんなは

『今度の駐在も村の味方じゃあねえ、俺らだって何かの時にはピストルを向けられるかもしんねえ』ってことになったんべえー。新吉を守ってくれたからよー、俺らも守ってもらえると、思っただあよ」リーダーの男が言った。

〝事件の真っ最中にも俺を試していたのか〟阿久津は、そう思うと腹が立った。

――ご主人の顔を見るまで心配だったでしょう？

「ええ、まんじりともしないで夜を明かしました。主人と署長さんらの捜査隊それに村の衆が駐在所に着いたのは、正午近くだったですよ。みんな敗残兵みたいにフラフラでしたよ。あたしは、実家から送られた白米を全部、五合炊きの釜で四回も炊いてね。味噌の握り飯を山のように作って待ってたんです。

村の男衆、『おおっ！』って歓声を上げてお握りに飛びつきましたね。口中いっぱいにほおばってね、涙を流して食べている若い男衆もいましたねえー。ええ、もちろん新吉って子も夢中で食べてましたね。あの当時、気候や田畑に恵まれない山村では米も作れませんでしたからね。かといって、買って食べるほどの余裕はなかったんですよ。ほとんどの家は、稗《ひえ》か粟《あわ》を麦に混ぜて食べていましたからねえー。

あとで主人が言うんです。『あー、もったいなかった。全部炊いて握っちゃったんだもんなあー』ってね。ハッ、ハ……、その代わり握り飯の効果は抜群でしたよ。

『えれえもんだあや、駐在のお方《かた》（奥さん）が、白まんま（白米）炊いて握り飯作ってくれたやい。今度の駐在はてえしたもんだで――。村のために命がけでやってくれるしのおー』ってね。峠に行った村の衆のなかにも消防団員が何人もいたからねえ。主人に村を出ていけ、などと追放運動をしていた人たちまでが『駐在は出ていってもお方はおいてけや』なんて軽口をたたくようになりましてねー。村の衆と駐在との距離がスーッと近くなりましたよ。峠の事件と握り飯のおかげでねえー」

砥《と》石《いし》の村

砥沢の集落から山道を約六キロ。連なる高山の一角に、砥山と呼ばれる鉱山があった。砥沢の砥石は、幕府の御用砥として、江戸時代から日本中に知られていたのである。

旧・南牧領砥沢村は、昭和の二十年代までは、砥石採掘で活気あふれる村であり、住民の約八割は、この鉱山の恩恵によって、生計を立てていたのであった。だが、自然の砥石よりも安価な人工物の開発や、鉱山病で死亡した人への補償問題などでやっていけなくなり、盛況時には一千人近くもいた採掘人夫も、昭和三十一年には、百人程度にまで激減、三十年代の後半には、ほとんどが廃鉱となった。

――駐在に着任した当時、鉱山は？

「若い者は仕事を求めて、村を出ていってね。残った中年以上の男女が厳しい採掘の仕事を続けて、細々と暮らしていましたねぇー。男衆が『ちょうな』という手《て》斧《おの》で石を削って、二〇キロぐらいの長方形にした砥石の原石を、女衆《おんなし》が背負い子で担ぎ下ろしたというんですよ。一度に六〇キロから八〇キロの重い砥石を背負って、一〇〇メートル下っては休み、また一〇〇メートル下っては休んでねぇー。事業主の軒下まで運んで〝いくら〟という厳しい仕事なんですよ。

それに、男衆は幾晩も山の中に泊まり込みで石を削っていたんです。石の粉を吸って、いわゆる鉱山病という病気に罹った人が多かったんですよ。だから人口の割に若い未亡人が多かったんですかねー。でも、食うためには家中で働かなくてはならなかったんですよね。どの家も貧乏でしたからねぇー」

駐在所が託児所に

――余地峠の事件後、村の空気は？

「変わりましたねぇー、駐在所へ毎日何人もの人が顔を見せてくれるようになりましたよ。たいした用事もないのにね。まあ、事件・事故もほとんどない村でしたけどねぇ。一年に三、四回野菜泥棒が出るくらいですか。

でも、最初の時はびっくりしました。まだ薄暗い朝方、おたねばあさんと呼ばれる一人暮らしの女の人にたたき起こされて、『ドロボー（泥棒）がへえったから早く捕まえてくれ。ちゅうぜえ（駐在）がのろまだから、こんにゃくとれんこんを盗まれただ』と怒鳴られましてねえ。ほかは喧嘩くらい。村に二軒ある飲み屋で憂さ晴らしに酒を飲んでは喧嘩するんですよ。でも、主人が行くとすぐに収まるんです。『村の衆は喧嘩を楽しんでいるんだ』って、主人は言ってました。働くだけでなんの娯楽もない村でしたからねえー。

年寄りも子供たちも、みんなそれぞれ役割があるんです。まあほとんどが子守りの仕事ですかねえー。子守もできなくなった年寄りは、あの世から迎えがくるのをじっと寝て待ってるだけ……。小学生くらいになれば、子守り、薪《まき》拾い、水汲み、ヤギやウサギのエサ取り等立派な働き手ですからね。遊んでる暇なんてないんですよ。

『駐在の女房って、いったい何をすればいいんだろう』って考えちゃいましてね。『お方』なんて、京言葉で呼ばれてねぇー。最初のうちは村の女衆からも、『駐在のお方はいいよなあ、きれいなかっこうして、何にもしねえでもまんま食っていけるんだからのぉー』なんて言われてましたからね。辛かったですねぇ。だから、本当にこの村の住人になるにはどうしたらいいんだろうって、悩みましたよ。

峠の事件があってから一ヵ月くらいたったある日の夕方でした。まだ四十歳前の女衆が、夕方駐在所に来たんです。鉱山で働いている未亡人でね。

『仕事から帰って来たら、うちの子供たちが、かんく（駐在）さんに生菓子《なまがし》をもらった、食べていいかって差し出したもんで、かんくさんが菓子なんかくれるわけはねえ、本当のことを言えって叱っただよ。そしたらあんちゃんが、嘘じゃあねえって、泣くもんだからよ、本当かねぇ』って、警邏《けいら》から帰ったばかりの主人におそるおそる言うんですねえ。

　そしたら主人が、『えれえ子供たちだ。特に上のあんちゃんはえれー。さぞかし腹を空かしていたのに、下の二人の面倒をみながら食わずに我慢して、母ちゃんが帰るまで生菓子囲んで待っていたんだいなぁ。叱るどころじゃあねえー、ほめてやんない、貧乏してもいい子は育つんだいなあ、母ちゃんの教育がいいんだんべえけどなあー』って。主人も嬉しそうでしたねえー。主人のあんないい顔を見たのは着任後初めてですよ、ハハッ……。

　その生菓子はね。商い屋のおばさんが主人に『お方さんへのお土産だよ』って紙に包んでくれたそうなんです。『すまねえのぉー』って自転車の荷かごに入れようとした時、道の端から子供三人がジーッと見ているのに気がついたんだそうですよ。

　それで、商い屋のおばさんが店の中に引っ込むのを見定めてから、小学二年生になるあんちゃんを手招いて『これ上げるから三人で仲良く分けて食いな』とくれてやったんだ、と。その場ですぐに分けてパクついたと思っていたら、食わずに母ちゃんに報告するまで、我慢して待っていたってえんだからねえー、あたしも涙が出てねえー、この菓子の一件もたちまち村中に知れわたってしまいましたけどね。今度の駐在はあったけえお人だって……。今度は菓子で点数上げちゃいました、ハハッ……。

　あとで、商い屋のおばさんが『お方に食ってもらうべえと思って……』とお菓子を持って来てくれましたよ。その時の雑談のなかでね、『この村には働きたくとも子守りがいなくて働けねえという女衆もいる』と言ったのを聞いてね。『あぁそうだ、乳飲み子は無理だけど、子守ならあたしにもできるかも』って、ふと思ったんです。

おばさんに話したら『そりゃぁ、ありがてぇ話だあよ、早速心当たりに話してやるべぇ』と言いましてね。主人は『大丈夫か？』って心配しましたけど、二歳から四歳までの子供五人を預かることになっちゃいました。

最初は大変でしたけど、そのうち、手の空いている近所のおばあちゃん数人が手伝ってくれるようになってねぇー、急ににぎやかな駐在所になりましたよ。老人ホームと託児所が一緒になったようでね。あたしも毎日、張り合いがあるし、楽しくってねぇ。人間の生活に会話というのがいかに大切か、と痛感しましたよ。

汗と泥にまみれた母親が頭を何度も下げて子供たちを迎えに来てねぇー。あーあたしもようやくこの村のお役に立てたんだ、と思いましたよ。

村人たちとの弾む会話のなかで『お方と言うのはやめてくれ』と言ったら、その日から名前を呼んでくれるようになりましてね。この時、やっと村の一員になれた、と思いましたねぇ」

消防団の日誌

――消防団との関係も良好に？

「ええ、よくなりました。面白いことがありましてねぇー。年の暮れのある日。消防団員の落とした分団日誌を子供が拾って、駐在所に届けてくれたんですよ。

ハハッ……、日誌にはね、主人の悪口がこと細かく書いてありましてねぇー。着任当時の頃の日誌には、

『まだ、ひよっこのくせに態度がでっけえー』

『せっこうがいい（よく働く）が、ずぶてえ。生意気だ』

などと続き、消防団員を無免許運転で検挙した頃の日誌には、

『あのおたんちんやろう（バカ者）が——』

『村の世話になりながら、でっけえつらしやがって——』

『消防を敵に回すというなら、村からおん出すべし——』

とか、でね。それが、余地峠事件以後はねー。

『駐在のおかげであんじょういった（うまくいった）——』

『事件を起こした新吉を温情ある処置にしてくれた——』

『駐在と共同で消防団活動もあんじょういった——』

『チビ（子供）たちの子守りをしてくれたり、紙芝居などで遊ばせてくれたり、夫婦して村のためにつくしてくれている——』

などとねえ。

主人の仕事ぶりや指導ぶり、おまけにあたしまでほめられててね。最初の頃の悪口なんて忘れちゃ

いました。単純に、率直に書いてあるんです。根はみんないい人たちなんだなあって、村に対する親しみが湧いてきましたねぇ。

『感慨無量』『駐在冥利に尽きる』って、笑ったり、涙ぐんだり、主人は感激していました」

――紙芝居ですか？

子供たちを喜ばせてやることはないかって、主人と一緒に考えたんです。手作りの紙芝居を思いついてね、あたしは絵を描くのが好きでしたから……。内容は昔話からいただいてねぇー、おかげで毎日が忙しくて、楽しかったですよ。毎月一回、村の集会場に子供たちを集めてね。そのうちお年寄りから親たちまでも来てね。入りきれないぐらいでした。

――日誌はどうしたんですか？

「消防団長らは、どういう口実で日誌をもらいに行くか、と困ったようでしたねぇー。『めえったなあ！　分団日誌は消防の歴史だ。よんどころねえものだからねえと困る。だけんど、いっぺー駐在の悪口を書いたからなあー』ってね。

『どうすべえー』『どうすべえー』で一週間がたった頃、主人がお祭りの警備の時に交通腕章を落としたんですよ。それを拾ったのが、消防団員でね、消防団長が『よし、これを引き替えにすべー』ということになったみたいでね。早速、団長以下、幹部五人がやって来て『交通腕章落としたんべ、見つからなければ怒られるんだんべぇ』と言うんですよ。主人がわざと渋い顔を作って、『うん、怒られるなぁー』と言ったら『そうだんべえ、こっちの消防団員が拾って持ってらい』と言うんですよ。『わかったよ、交通腕章と引き替えにこっちに届いている分団日誌が欲しいんだんべや、それならさくく（気軽に）言えやぁー』主人が笑いながら言うとね、『実は、そうだ』って。『いろいろ悪かったのぉー、もう、かんくさんの悪口は誰も言わねえよー。今後は協力すっから、なんでも言ってくれやれ』ってね。みんな純朴でいい人ばっかりなんだなあって。砥沢の駐在所に来て本当によかった、と思いましたよ」

――砥沢には何年いたんですか？

「署長は、翌年の異動の際、後任の署長に『本署に戻してやってくれ』と引き継いでくれたようなんですけど、主人は『やっと村と警察がいい関係になれたんだから』と留任を希望したんです。もちろんあたしの希望もありますけどね。本当に砥沢を離れたくなかったんです。お年寄りたちまで泣いて、ずうっといてくれって……。

署長も課長も大喜びで『頼む！』だって……。

そして二年目には『村をよくしてくれた功労者だ』って、村からバイクを贈ってもらったりしてね。バイクまで買ってもらったんじゃあって、結局三年おりましたよ。でも、警察官の女房を三十一年やりましたけど、砥沢の三年間が一番楽しくて充実してましたねえー。

砥沢で生まれた長男は今、警察官をやっています。ハッハハ……」

阿久津ご夫妻を訪問した時点での南牧村は人口二千九百人余だが、このうち六十五歳以上の高齢者は五四パーセントで、高齢者比率日本一だという。このことについて役場の担当者は「自然の美しい観光村ということで」と言い換え、「高山のてっぺんの杉の木を村が補助金をあてて伐採し、落葉樹に植え替えた。そのため日照時間も二時間近く伸びた」と言っている。

そして今の砥沢駐在所は、日当たりのよい南牧川北側にあり、アカヤシオツツジやカタクリの群落を見に訪れる人たちを温かく迎えている。

本書は、『月刊警察』（東京法令出版）二〇〇八年三月号〜二〇一〇年八月号連載の「警察官の妻たち」を大幅加筆・修正し、単行本化されたものです。

著者略歴

一九三七年（昭和十二年）、群馬県に生まれる。日本大学法学部を卒業後、一九六〇年群馬県警察官として採用される。以後、警察本部課長、警察署長、警察学校長等を歴任。

この間、日本列島を震撼させた大久保清事件、連合赤軍事件、功明《よしあき》ちゃん誘拐事件など多くの捜査・捜索にかかわる。一九八五年、高崎署刑事官在職時に起こった日航機墜落事故では身元確認班長を務めた。一九九六年に退官。

著書に『墜落遺体―御巣鷹山の日航機123便』（講談社）、『かんくさん物語―飯塚訓短編集』（あさを社）、『吼《ほ》える駐在』（文藝春秋）、『墜落の村』（河出書房新社）などがある。

墜落捜査《ついらくそうさ》　秘境捜索《ひきょうそうさく》
——警察官《けいさつかん》とその妻《つま》たちの事件史《じけんし》

二〇一三年四月一二日　第一刷発行

著者　飯塚《いいづか》　訓《さとし》
発行者　古屋信吾
発行所　株式会社さくら舎　http://www.sakurasha.com
東京都千代田区富士見一-二-一一　〒一〇二-〇〇七一
電話　営業　〇三-五二一一-六五三三　ＦＡＸ　〇三-五二一一-六四八一
編集　〇三-五二一一-六四八〇　振替　〇〇一九〇-八-四〇二〇六〇
装丁　石間　淳
カバー写真　共同通信社
印刷・製本　中央精版印刷株式会社

ISBN978-4-906732-38-8

さくら舎の好評既刊

藤本 靖

「疲れない身体」をいっきに手に入れる本

目・耳・口・鼻の使い方を変えるだけで身体の芯から楽になる！

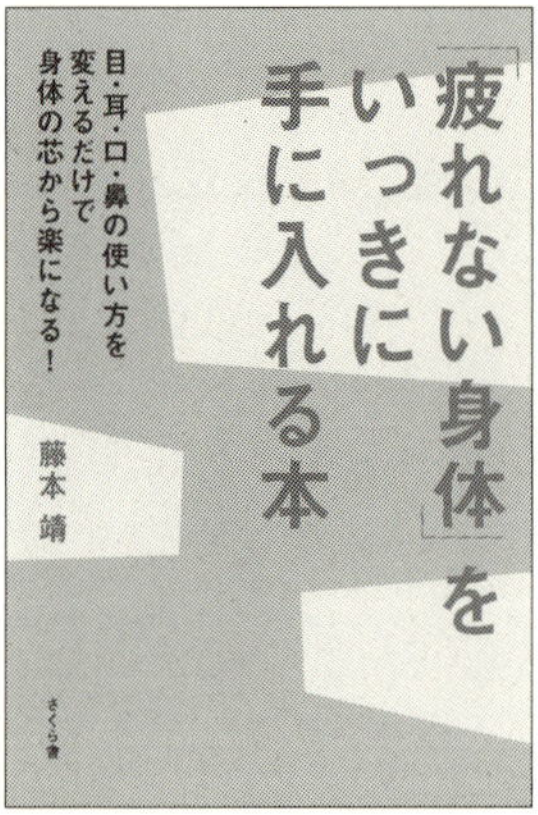

パソコンで疲れる、人に会うのが疲れる、寝ても疲れがとれない…人へ。藤本式シンプルなボディワークで、疲れた身体がたちまちよみがえる！

1470円

定価は税込（5%）です。定価は変更することがあります。